Ch. + Th. Schirrmacher
«Prophet» aus der Wüste
– Mohammed

Christine und
Thomas Schirrmacher

«Prophet»
aus der Wüste

Mohammed

Schwengeler-Verlag
CH-9442 Berneck

TELOS-Bücher
ISBN-Nr. 3-85666-283-9

TELOS – Leben · Werk · Wirkung Nr. 2803

© 1984 by Schwengeler-Verlag, CH-9442 Berneck
Titelbild: Martha Bischof
Gestaltung und Gesamtherstellung:
Cicero-Studio am Rosenberg, CH-9442 Berneck
Printed in Germany

Große Namen

– manche werden als Vorbilder vor Augen gemalt

– andere beeinflussen immer noch unser Denken

– einige erfreuen sich sogar einer enormen Anhängerschaft

Bekannte Persönlichkeiten

Wie sah ihr Leben wirklich aus? Welche Motive lagen ihrem Handeln und Wirken zugrunde? Wovon wurde ihr Denken, ihr Glaube, ihre Überzeugung, ihr Schaffen geprägt? Welche Wirkungen gehen noch heute von ihrem Leben und Werk aus?

Die biografische TELOS-Reihe «Leben – Werk – Wirkung» versucht diese Fragen zu beantworten, indem sie die «großen Namen» unter die Lupe nimmt. Die klaren Informationen, aber auch die kritischen Beurteilungen sollen dem Leser ermöglichen, eine objektive Sicht und klare Stellung gegenüber diesen bekannten Persönlichkeiten einnehmen zu können.

Inhalt

Kapitel 1

Arabien vor Muhammad[1] (Mohammed)

Die arabische Halbinsel ist nicht nur auf drei Seiten vom Meer umgeben, sondern auch auf der vierten Seite von den umliegenden Kulturländern abgeschlossen.[2] Hier nämlich verhindert ein breiter Wüstengürtel den direkten Zugang. So war diese Halbinsel jahrhundertelang für sich abgeschlossen, und erst Muhammad sollte sie in den Mittelpunkt des Weltgeschehens rücken. Trotz vieler Gemeinsamkeiten durch diese Abgeschlossenheit gab es jedoch vor Muhammad keine einheitliche Geschichte der Araber, sondern nur durch unterschiedliche Landschaften bedingte Stammesgeschichten. Ja, es gab eigentlich vor Muhammad noch überhaupt keinen gemeinsamen Begriff für «die Araber», denn dieses Wort wurde zunächst von Ausländern in anderem Sinn geprägt.[3]

Der größte Teil der drei Millionen Quadratkilometer großen arabischen Halbinsel besteht aus Wüste und Steppe, in der man aber überall, wenn auch nur in Armut, überleben kann. Nur am Rand der Wüste oder in den wenigen Gebirgen ist es möglich, etwas Ackerbau zu betreiben. In der Wüste lebten die Bewohner entweder in Oasen als Ackerbauern, oder sie zogen mit ihren Kamelen als viehzüchtende Nomaden oder Halbnomaden (Wandervölker) umher.

Zwischen den Oasenbewohnern, die von ihren angebauten Pflanzen lebten, und den Beduinen (Bedu = Steppe)[4] kam es oft zu langwierigen Auseinandersetzungen, weil die Beduinen in längeren Trockenzeiten nicht nur, wie sonst üblich, die Karawanen der Städte überfielen, sondern auch die sichereren Oasen nicht verschonten. (Solch einen Überfall nannte man «Razzia».[5])

Die Wanderungen der arabischen Stämme darf man sich nicht zu klein vorstellen. Die gewaltigen Bewegungen endeten erst ab etwa 300 v. Chr. in festen Stammesgebieten. Dabei entstanden dann selbständige, arabische Kleinstaaten, wie wir sie bis heute ganz ähnlich in Scheichtümern und Emiraten wiederfinden.

Die Entwicklung Arabiens kann man geographisch gesehen in drei Gebieten verfolgen, die allerdings nicht genau voneinander abgegrenzt werden können.

Nordarabien

In Nordarabien, über das wir am wenigsten wissen, war die Oberherrschaft des Landes nach der Zeit der Babylonier von den Assyrern auf die Perser übergegangen. Nach dem kurzen Zwischenspiel unter Alexander dem Großen übernahmen seine Nachfolger (die Seleukiden) in diesem Teil der Welt die Herrschaft über Nordarabien. Sie wurden jedoch bald wegen interner Machtkämpfe lahmgelegt. In zwei Teilen eroberten dann die Römer das Land,[6] und dadurch kam es später unter die Herrschaft der «christlichen» Byzantiner im oströmischen Reich, von denen Muhammad es dann eroberte.[7] Obwohl Nordarabien daher ständig unter Fremdherrschaft stand, konnten sich die arabischen Stämme dort doch erstaunlich eigenständig entwickeln. So organisierten sich immer wieder kleine Stammeseinheiten ohne Gesamtleitung. Trotzdem hinterließen natürlich alle Besatzungsvölker tiefe Spuren in Kultur und Religion. Am selbständigsten war das Nabatäerreich (ab ca. 300 v. Chr. bis 105 n. Chr),[8] das von der Wüstenstadt Petra aus regiert wurde. Daneben kennen wir die späteren Vasallenreiche der Lachmiden (in Hira 300–600 n. Chr.) und Ghassaniden (490–614 n. Chr.), die jedoch noch vor Muhammad von Persern und Byzantinern beseitigt wurden.

Diese nordarabischen Staaten wurden und blieben das Bindeglied zwischen den außerarabischen Kulturländern, zu denen sie zum Teil offiziell gehörten, und den Wüstenstämmen. Zum einen vermittelten sie manche Neuerung von außen, zum anderen wehrten sie aber auch etliche Angriffe ab und verhinderten eine völlige Vereinnahmung Arabiens, vor allem Innerarabiens.

Südarabien

Ganz anders verlief dagegen die Geschichte im klimatisch günstigeren Südarabien.[9] Die Unterschiede zu Nordarabien lagen hier allerdings nicht nur im Klima, sondern auch im religiösen Bereich, in rassischen Unterschieden und den günstigeren Verkehrsverbindungen. So finden wir schon im Altertum sehr rege, große Kulturstaaten ohne jede Fremdherrschaft. Durch Staudämme etwa konnten diese Staaten die Leistungen der Landwirtschaft erhöhen.

Neben den kleineren Reichen der Qatabanäer, Hadramauter und Chatramotiten, um nur die zu nennen, die wir aus den spärlichen Quellen kennen, gab es seit dem 8. Jahrhundert v. Chr. zwei bedeutende Reiche: das der Minäer im heutigen Nordjemen und das der Sabäer im heutigen Südjemen. Im 3. Jahrhundert v. Chr. eroberten die Sabäer dann ihr Nachbarreich. 200 Jahre später wurde dieses vereinigte Reich dann von den Himjariten erobert, die bis etwa 350 n. Chr. an der Herrschaft blieben.

Diese Staaten lebten vom Export und Transithandel, der vor allem von Ägypten aus nach Syrien, Ostafrika oder sogar Indien vor sich ging. Neben landwirtschaftlichen Produkten wurde in erster Linie Weihrauch gehandelt, für den Südarabien eine Art Monopol hatte.

Erstmalig unter Fremdherrschaft kam das Land, als das «christliche» Äthiopien[10] durch eine Invasion 350 n. Chr.

das Land in Besitz nahm. Obwohl diese Fremdherrschaft schon 375 n. Chr. wieder abgeschüttelt wurde, war bis dahin ein Teil Südarabiens bereits «christianisiert».[11] Die neuen einheimischen Könige waren zwar nicht vom Christentum abhängig, dafür aber von jüdischer Mission beeinflußt. Als der inzwischen offiziell jüdische König Du Nuwas 523 n. Chr. eine Christenverfolgung einleitete, eroberten die «christlichen» Äthiopier (früher: Abessinier) unter ihrem König Elesbaos Südarabien ein zweites Mal, wodurch das Christentum weitere Verbreitung fand und sich mit den einheimischen Religionen vermischte. Ein Teil des Landes mußte schon 575 n. Chr. an die Perser abgegeben werden, doch war das äthiopische Reich anfänglich selbst Muhammad nützlich[12] und wurde erst 628 n. Chr. durch Muhammad erobert.

Zu dieser Zeit war die kulturelle Blüte Südarabiens aber schon vorbei. Das Weihrauchmonopol war verlorengegangen, und politische Unruhen hatten zum Zerfall der wichtigen Staudämme geführt, so daß durch eine riesige Dammbruchkatastrophe bei Marib viele Menschen wieder gezwungen waren, die Städte zu verlassen und erneut ein Nomadenleben zu führen.

Innerarabien

Zwischen Nord- und Südarabien liegt das schwer einzugrenzende, kleine Gebiet Inner- oder Zentralarabiens. Die hier lebenden Beduinen erreichten nie feste Staatsgebilde, sondern lebten in Zelten und zogen umher. Lediglich die Blutsverwandtschaft als persönliche Beziehung schaffte Gemeinsamkeiten. Die Vollbeduinen lebten dabei neben den Überfällen vorwiegend von Kamelzucht, die Halbbeduinen am Steppenrand von Schaf- und Ziegenzucht.

Der einzige Versuch eines Stammeszusammenschlusses,

von den südarabischen Kinda initiiert, war nur von kurzer Dauer (480–550 n. Chr.), auch wenn er einige Kulturleistungen hervorbrachte.

Eine eigenständige Rolle spielten die Städte, von denen Mekka und Jathrib (das spätere Medina) die bedeutendsten waren. Wir werden noch darauf zurückkommen.

Die Stämme in ganz Arabien

Die Freiheit und Unabhängigkeit der Beduinen war ein prägendes Moment der arabischen Geschichte. Gleich ob unter Fremdherrschaft oder nicht, war der Stamm und sein Führer die oberste Instanz für den einzelnen. Der Stammeszusammenhalt war daher die eigentliche politische Struktur. Der Vater war das unumstrittene Oberhaupt der Familie und fügte sich lediglich den weiteren Stammesentscheidungen. Der Sajjid oder Scheich,[13] der Führerqualitäten besitzen mußte, führte das Geschlecht oder den Stamm an. Innerhalb des Stammes fand sich Treue und Zusammenhalt. Die Ehre des Stammes und seiner Mitglieder ging über alles. Die überaus große Gastfreundschaft war ein weiteres Kennzeichen der Beduinen und galt Gästen aus weiter Ferne.

Die feste, blutsmäßige Verbindung innerhalb eines Stammes erklärt auch, warum die arabischen Stämme während ihrer ständigen, kriegerischen Auseinandersetzungen untereinander oder der wechselnden Fremdherrschaften nie ihrer Eigenständigkeit und Identität beraubt wurden. Wenn ein Stammesmitglied den Angehörigen eines anderen Stammes ermordete, standen auf beiden Seiten die angehörigen Familien und Stämme hinter ihren Verwandten. Dabei spielte die Frage, wer schuldig war, keine Rolle. Diese «passive Solidarität» verpflichtete grundsätzlich zu Blutrache und Verteidigung. So konnten kleine Auseinandersetzungen leicht in langandauernden

Fehden und sich abwechselnden Kriegszügen enden. Diese Fehden waren lediglich in drei bis vier heiligen Monaten gänzlich verboten. So war echter Handel nur in dieser Zeit möglich. Auch der Überfall auf die Karawanen anderer Stämme war so selbstverständlich, daß diese nur in der heiligen, friedlichen Zeit ohne Gefahr zu den Handelsplätzen in die Städte ziehen konnten.

Erst Muhammad gelang es, die Stammessolidarität ohne Schuldbewußtsein für Blutrache und Fehde durch die persönliche Verantwortlichkeit der Schuldigen zu ersetzen, indem er zwischen absichtlicher und unabsichtlicher Tötung unterschied.[14]

Erstaunlicherweise gilt das meiste, was wir eben über die Beduinenstämme hörten, ebenso für die Städte.[15] Eine einheitliche Regierung gab es hier vor Muhammad nicht. Meist lebten mehrere Stämme vermischt zusammen, die durch jüdische oder christliche Kolonien ergänzt wurden, wie wir in Medina noch sehen werden. Lediglich in Mekka lebte ein einziger Stamm mit mehreren Sippen, nämlich die Quraischiten,[16] aus dem auch Muhammad stammt. Das Nebeneinander verschiedenster Gruppen begünstigte den Austausch von Handelsgütern ebenso, wie den geistiger und religiöser Güter. Vor allen Dingen gilt dies für Mekka, das religiöser und wirtschaftlicher Mittelpunkt Arabiens und durch seine günstige Lage (an einer Kreuzung der bedeutendsten Handelsstraßen) Treffpunkt vieler Stämme war. Während der drei bis vier heiligen Monate trieb man ja Handel oder unternahm Wallfahrten, vor allem nach Mekka. So waren diese heiligen Monate in wirtschaftlicher Hinsicht für die Städte besonders wichtig.[17]

In der restlichen Zeit führte man ehrenhafte Kriege, wenn nicht gerade Waffenstillstand galt. Die Beziehung der Stämme war daher sehr unsicher, und uns sind manche Spottlieder eines Stammes über den anderen erhalten.

Man darf ja nicht vergessen, daß der Begriff «Araber»

zu dieser Zeit nicht existierte und das Arabische erst durch Muhammad zur Weltsprache wurde. Ein arabisches Zusammengehörigkeitsgefühl gab es ebensowenig, wie bei den Stämmen Europas vor Karl dem Großen, die sich nie als «Germanen» fühlten. Die verschiedenen arabischen Dialekte waren einer gemeinsamen Entwicklung ebenso hinderlich, wie die ständigen kriegerischen Rivalitäten; ein Zustand, der sich übrigens trotz der Eroberung durch den Islam mit seiner einenden Kraft zum Teil bis heute unverändert erhalten hat.

Die Beduinenreligionen

Das, was die Familien, Sippen und Stämme zusammenhielt, waren, wie wir schon an den vereinbarten heiligen Monaten sahen, nur die religiösen Sitten und manche Gottesvorstellungen. Über diese Religionen der Beduinen[18] wissen wir sehr wenig aus den arabischen Quellen selbst. Vieles wissen wir jedoch aus späteren islamischen Quellen. Zwar galt die Zeit des arabischen Heidentums[19] dort als Zeit der Unwissenheit (dschahilijja),[20] dennoch hielten sich viele Bräuche oder wurden sogar von Muhammad bewußt übernommen:

«Schließlich müssen wir in die Überlegungen die Tatsache einbeziehen, daß Muhammad in seine Religion eine Reihe heidnischer Praktiken und Glaubensinhalte mit geringen oder gar keinen Veränderungen einschloß und außerdem, daß verschiedene Überreste, die dem orthodoxen Islam fremd sind, bis zum heutigen Tag bei den Arabern erhalten geblieben sind.»[21]

Muhammad hat nie verleugnet, viele Dinge von Vorgängern übernommen zu haben. Doch dürfte diese Übernahme weiter gehen, als man allgemein zugesteht. Gerade im Zusammenhang mit der Kaaba in Mekka wird dies deutlich. Es wird nicht möglich sein, alle Beispiele solcher

Übernahmen aufzuzählen, aber wer aufmerksam diese Einführung in die Beduinenreligionen liest, wird in Leben und Lehre Muhammads viele Parallelen finden.[22] Man muß ja berücksichtigen, daß dies die Welt war, in der Muhammad und seine Anhänger aufwuchsen und daß eigentlich nur der offizielle Götzendienst beseitigt werden sollte.

Nebenbei muß zur Ausgewogenheit angemerkt werden, daß auch die damals in Arabien lebenden Christen viele Elemente der Beduinenreligionen übernommen hatten, aber davon wird noch die Rede sein.

Der Glaube der Beduinen an übernatürliche Wesen aller Art vollzog sich im wesentlichen in vier Bereichen. Einmal glaubten sie an Geister und Dämonen (Dschinn). Daneben wurden die zahllosen Lokalgötter verehrt. Einige dieser Götter waren gemeinsame Gottheiten mehrerer Stämme. Zuletzt gab es den Glauben an den wenig verehrten höchsten Gott.

Die Geister (Dschinn)[23]

Die Geister und Dämonen (Dschinn) waren halb irdische, halb überirdische Wesen. Sie traten meist als Tiere oder durch Wahrsager auf und wohnten in der Wüste in Ruinen und Friedhöfen oder hatten spezielle Bäume oder Sträucher als Behausung, die dann als heilig galten. Sie vermischten sich in der menschlichen Vorstellung oft mit den Totengeistern aus dem weitverbreiteten Ahnenkult und hatten enge Verbindungen zu dem aus der babylonischen Religion übernommenen Sternenkult, der dem Schicksalsglauben der Araber noch mehr Nahrung gab.

Im allgemeinen wurden die Dschinn zwar als schädlich für den Menschen angesehen, aber sie galten deswegen nicht automatisch als verwerflich oder böse, zumal sie niemandem, etwa den Göttern gegenüber direkt «verantwortlich» waren.

Die Dschinn gaben nämlich den Wahrsagern (Kahin)

Informationen, die diese durch Visionen und Eingebung empfingen. Diese hellseherischen Fähigkeiten wurden ständig, etwa für Kriege oder Handelsabschlüsse, in Anspruch genommen. Die Wahrsager bestimmten auch den Geisterglauben des Alltags durch Beschwören der Geister und verschiedenste Zaubereien. Man trug Amulette, Fuß- und Halsbänder und andere Dinge, um die Geister gnädig zu stimmen.

Ahrens schreibt dazu: «Wenn ein Ginnï in einem Menschen Wohnung nimmt, so beraubt er diesen seines natürlichen Verstandes, gibt ihm aber ein höheres, übernatürliches Wissen, d. h. er inspiriert ihn. Kraft dieser Inspiration vermag der Sänger (sa ir), eigentlich der ‹Wissende›, in den Fehden wirksame Flüche wider die Gegner zu schleudern. Der Schädigung durch die Ginnen sucht man sich durch Zauberformeln zu erwehren, wie solche im Koran Sure 113 und 114 sich finden, aus denen wir auch noch andere Dinge des volkstümlichen Glaubens kennenlernen.»[24]

Wie das Ende des Zitates deutlich macht, hat Muhammad vieles vom Dschinn-Glauben übernommen. Eichler weist dies ausführlich im Koran nach.[25] Überhaupt traten neben Muhammad unzählige solcher «Propheten» auf. Muhammad selbst hielt sich zunächst bei seiner ersten Offenbarung für solch einen besessenen Wahrsager,[26] und seine Umgebung verurteilte ihn als einen solchen (Sure 52, 29 und 69, 40–42).[27] Auch wenn sich Muhammad später entschieden gegen diesen Vorwurf wehrt, sind doch die Parallelen zu den Sehern verblüffend.[28]

Die Lokalgötter

Die Stämme hatten zahllose Götter und heilige Stätten. Diese Gottheiten waren meist mehr an einen Ort als an einen Stamm gebunden. Die heiligen Orte wurden durch Wallfahrten aufgesucht. Wenn ein Stamm ein Gebiet verließ, übernahm oft der nachrückende Stamm die Heiligtümer und entsprechende Gottesverehrung. Dadurch, daß Muhammad speziell diese Art des Götzendienstes abschaffte, wissen wir am wenigsten über diese Gottheiten.[29] Das Beispiel Mekka, mit dem Muhammad anders verfuhr, fällt allerdings zum Teil schon in die folgenden beiden Gotteskategorien.

Die Hauptgötter

Neben den lokalen Gottheiten gab es Hauptgötter, die entweder einen ganzen Stamm verbanden und dann mit den wandernden Stämmen zogen, oder sogar von mehreren oder allen arabischen Stämmen verehrt wurden.[30] Ihre Wohnungen waren meist besondere Bäume oder Steine. Am meisten wissen wir über die Götter in Mekka und Umgebung, die allen Stämmen gemeinsam waren, wie an den alljährlichen Wallfahrten aus ganz Arabien dorthin deutlich wird. Die drei wichtigsten Hauptgötter bzw. -göttinnen in der Umgebung waren al-Lat (Sonnengöttin),[31] al-Manat (Schicksalsgöttin) und al-Uzza, die später mit al-Lat verschmolz.

Der wichtigste Gott, Hubal,[32] wurde in der Nähe von Mekka verehrt. Sein Wohnort war ein Götterbild im heiligen Bezirk von Mekka, das sich in der Kaaba befand.

Als Opfer für diese Götter kamen (meist weiße) Tiere in Frage, wenn auch Menschenopfer nicht völlig unbekannt waren.[33] Diese Tiere opferte jeder persönlich, obwohl es Priester gab, die die Heiligtümer verwalteten. Das Opfer stimmte nicht nur die Götter und das Schicksal gnädig, sondern erneuerte auch die Blutsverwandtschaft der Stammesmitglieder untereinander. Das Berühren der Heiligtümer und besonders das Küssen und Pressen an die heiligen Steine[34] verlieh dagegen geheimnisvolle Kräfte,[35] da die Berührung Verbindung zu diesen Mächten herstellt. Das Hauptheiligtum aller Araber war die Kaaba[36] in Mekka.

Vieles über die Kaaba wissen wir nur, weil Muhammad

nicht nur die Kaaba selbst, sondern auch fast alle zu ihr gehörigen Rituale in den Islam übernahm. Dies wird später in der Lebensgeschichte Muhammads deutlich. So ist die folgende Beschreibung sowohl für das vorislamische Arabien wie auch den Islam selbst gültig.[37]

Dazu schreibt Paret: «Die Zeremonien innerhalb des heiligen Bezirks von Mekka spielten sich in der näheren Umgebung der Kaaba ab und setzen sich – wie heute noch die sogenannte Kleine Wallfahrt oder Umra – aus zwei verschiedenen Prozessionen zusammen: dem siebenmaligen Umgang um die Kaaba (mit Berühren des in die Mauer eingelassenen Steins) und dem siebenmaligen Lauf zwischen den beiden Hügeln Safá und Marwa, die vielleicht beide von einem steinernen Idol gekrönt waren. Für die drei ersten Umgänge um die Kaaba und den mittleren Abschnitt der Laufstrecke zwischen Safá und Marwa war eine beschleunigte Gangart vorgeschrieben.»[38]

In dieser Kaaba fand sich neben dem Bild Hubals und einer Taube, die beide später entfernt wurden, vor allem ein schwarzer Stein, wohl ein Meteorit. Er war (und ist) an einer Ecke (al rukn)[39] eingemauert und mußte umarmt und geküßt werden, um durch das Pressen an ihm in Verbindung mit der Gottheit zu gelangen.

Der höchste Gott

Neben die zahlreichen Gottheiten, die ständig verehrt wurden, trat, wie in vielen sogenannten «Urreligionen», die Erinnerung an einen höchsten Schöpfergott. Er wurde allerdings selten direkt verehrt oder angebetet. Dieser Gott hieß al-Ilah, «der Gott», was später zu Allah zusammengezogen wurde.[40] Er galt als eigentlicher «Herr der Kaaba», und der Glaube an ihn war allgemein verbreitet.

Es ist interessant zu sehen, daß Muhammad seinen Gott Allah aus mehreren Gottheiten, die im Zusammenhang mit der Kaaba standen, abgeleitet hat. Hubal, al-Lat (und al-Uzza)[41] und Allah verschmolzen, so daß der

Gott der Mekkaner zugleich Gott aller Araber, später der der ganzen Welt wurde.

Über den höchsten Gott Allah schreiben Kellerhals und Musil: «Allah, zusammengezogen aus al-Ilah, ‹Gott›, galt schon vor Mohammed als das höchste Wesen. Sein Name erscheint schon in vorislamischer Zeit auf Inschriften und in Eigennamen (Abd-Allah, Knecht Allahs; Bait-Allah, Haus Allahs, d. h. die Kaaba). Er galt als der Schöpfer Himmels und der Erde, wurde in äußerster Gefahr, besonders in Seenot, angerufen, soll den Menschen besondere Gebote und Taburegeln gegeben haben, wurde bei Eidschwur angerufen und wachte über dem Gastrecht; ihm wurden Erstlingsopfer gebracht. Da sein Dasein, sein Name und sein Wesen den heidnischen Arabern bekannt war, konnte Mohammed ohne weiteres bei seiner Buß- und Erweckungspredigt an das vorhandene Wissen von Allah anknüpfen, besonders, da er als der ‹Herr der Kaaba› galt, also dort seinen eigentlichen Wohnsitz hatte. Indessen reichten die Vorstellungen von Allah und die Beziehungen zu ihm nicht über das hinaus, was wir von den Hochgestalten der primitven Völker wissen. Man vergaß ihn wieder, wenn die Gefahr vorüber war. Man verehrte neben ihm andere Gottheiten. Die drei erwähnten mekkanischen Göttinen Manat, al-Lat und al-Uzza hießen seine Töchter, und als solche hatte sie selbst Mohammed zunächst gelten lassen (vgl. die beiden Fassungen von Sure 53,19–23). Jedenfalls sind weder von Allah noch von einer anderen Gottheit irgendwelche sittlichen Wirkungen ausgegangen. Die Verhältnisse zu ihnen bestanden wie bei den primitiven Völkern in einem gegenseitigen Nehmen und Geben, das den Menschen gleichsam als ebenbürtigen Geschäftspartner neben der Gottheit erscheinen läßt.»[42]

«Alle Bewohner Arabiens, Ansässige sowohl als auch Nomaden, glaubten und glauben an einen einzigen, persönlichen, unsichtbaren, allgegenwärtigen Allah. Bei den

Nomaden, insbesondere bei den Kamelzüchtern, erinnert dieser monotheistische Glaube mit seinen Übungen an die Religion der alttestamentlichen Patriarchen.»[43]

Man hat versucht, den verbreiteten Monotheismus mit dem Einfluß des Juden- und Christentums erklären zu können.[44] Nun ist dieser Einfluß sicher nicht auszuschließen, aber wird doch meist nur angenommen, weil man davon ausgeht, daß Monotheismus sich immer aus Polytheismus entwickelt. Richardson hat gezeigt, daß das Gegenteil der Fall ist.[45] *So ist für uns die altarabische Welt nur ein weiteres Beispiel dafür, daß die Menschen, hier die Nachkommen des biblischen Ismael, den einen Schöpfergott nie vergessen haben, wenn sie ihn auch kaum verehrten.*[46] Daß Muhammad den islamischen Monotheismus begründete, ist kein Beispiel für die Evolution der Religionen, sondern im Gegenteil ein Beweis dafür, daß der Monotheismus nicht allmählich entsteht.

Judentum und Christentum in Arabien vor dem Islam

Das Judentum

In ganz Arabien waren jüdische Kolonien weit verbreitet und die jüdische Mission sehr rege. Besonders nach der Zerstörung Jerusalems 70 n. Chr. waren zahlreiche jüdische Flüchtlinge ins Land gekommen, ebenso nach dem niedergeschlagenen Aufstand von Bar Kochba 132–135 n. Chr. Die Juden ließen sich meist in eigenen, abgeschlossenen Siedlungen in den arabischen Städten nieder, so etwa in Taima, Fadak, Chaibar und Medina. Bei den Juden, die wir in den Quellen finden, ist häufig unklar, ob es sich um «arabisierte Israeliten» oder «judaisierte Araber»[47] handelt. Sicher ist nur, daß sie sich eindeutig von den Beduinen rassisch und in einigen anderen Punkten unterschieden.[48]

Während sie viel jüdisches Kulturgut beibehielten und sich klar als «auserwähltes Volk» von den anderen Mitbewohnern absetzten, übernahmen sie andererseits auch zahlreiche Elemente des arabischen Volksglaubens. So blieb eigentlich nur ihr Monotheismus und ihre «Auserwählung» kennzeichnend in den Augen der Araber. Dazu kam, daß die arabischen Juden keinerlei Verbindungen mehr zum offiziellen Judentum oder ins Mutterland hatten und von der geistig-religiösen Entwicklung abgeschnitten waren. So war es sicher bisweilen schwierig, von den dortigen Juden richtig auf die ursprüngliche Religion und das Alte Testament zu schließen.

Offensichtlich waren die Juden missionarisch dennoch eifrig, was auch die Begegnung Muhammads mit den Juden zeigen wird. Die Missionsarbeit bestand allerdings weithin aus mündlicher Polemik gegen den Götzendienst. Die Beschneidung bot dagegen nicht, wie in anderen Ländern, ein bevorzugtes Thema, weil sie in Arabien, wenn auch erst im Alter von mehreren Jahren, vollzogen wurde.[49]

Am Handel nahmen die Juden ebenfalls regen Anteil und genossen daher einiges Ansehen. In Nordarabien waren die Juden schon früh fest integriert, so daß wir einige Quellen darüber besitzen. In Südarabien fand das Judentum erst lange danach Eingang, stellte dafür aber später, wie wir schon sahen, zeitweise jüdische Könige (bis 575 n. Chr.), die das Judentum mit Gewalt verbreiteten.

Das Christentum[50]

Das Christentum war in Arabien vor Muhammad viel weiter verbreitet, als man früher allgemein angenommen hat. Schon in der Übersicht über die politische Geschichte begegneten uns die «christlichen» Byzantiner und Äthiopier. An die arabischen Stämme grenzten also offiziell christliche Staaten. Allerdings waren die Kirchen und Christen, die nun speziell in Arabien verbreitet waren, in den seltensten Fällen Teile einer offiziellen Reichskirche, sondern eigenständige Kirchen aller Art, die kaum von den zahllosen Sekten zu unterscheiden waren. Ihre kirchengeschichtliche «Bedeutung», die eine direkte Voraussetzung für Muhammads Erfolg war, lag in Arabien darin, daß es eine «Schmiede der Sekten»[51] war. Es würde uns zu weit führen, diese Gruppen alle zu nennen.[52] So wollen wir nur kurz die wichtigsten erwähnen. Jakobus Baradaios (490–578 n. Chr.) baute eine monophysitische[53] Kirche auf, die den Verfolgungen der byzantinischen Kirche entging. Seine Kirche wurde nach ihm «jakobitisch» genannt und ist Vorläufer der heutigen koptischen Kirche in Syrien. Die Theologie des Nestorius (381–451 n. Chr.) war Ursache für eine «nestorianische» Kirche, die enorme missionarische Anstrengungen bis nach Indien und China unternahm. Auch seine theologischen Sonderwahrheiten können uns heute nur noch verwundern.

Von entscheidender Bedeutung war, daß die zahllosen christlichen Sekten zum größten Teil nur an ihrem äußerlichen Kultus zu erkennen waren, der sich mit Heiligenverehrung und Marienanbetung kaum von der hinlänglichen Götzenverehrung unterschied und so auch von Muhammad unter Götzendienst eingeordnet wurde. Es ist die Frage, ob man den biblischen Glauben, der, wie später der Islam, keine religiösen Bilder oder Heiligenverehrung kennt, überhaupt in Arabien kennenlernen konnte.

Aus dem Koran wird ebenfalls die Zersplitterung der Christen deutlich. Kuberski listet 8 Stellen im Koran auf, in denen vom Haß und den Spaltungen der Christen untereinander die Rede ist.[54]

Von ebenso weitreichender Bedeutung war jedoch die aus Ägypten kommende Verbreitung des Mönchtums. Diese Mönche brachten die merkwürdigsten Formen religiösen Lebens hervor und waren die eigentlichen Träger des Christentums in Arabien. So lernte auch Muhammad das Christentum der Mönche kennen, wobei er selbst wußte, daß das Mönchtum keine ursprüngliche Einrichtung des Christentums war (Sure 57, 27).

Diese Mönche nahmen zum Beispiel an Wallfahrten nach Mekka teil und übernahmen auch sonst manches aus dem arabischen Heidentum. Ihre strenge Askese ließ sie oft auf Dinge verzichten, die in der Bibel ausdrücklich gutgeheißen werden.

Eine gute Zusammenfassung und Kritik des damaligen Christentums bietet Kuberski:

«1. Die Situation der Christen:
– Das Christentum war keine Einheit auf dem Boden der Bibel, sondern durch die zu enge Verbindung zum Staat, Rangstreitigkeiten der Bischöfe, theologische Streitigkeiten und die mancherorts stattfindende Verfolgung nicht nur von außen, sondern auch innerhalb der Christenheit war die christliche Kirche im 6. Jahrhundert in sich zerrissen, gespalten und unglaubwürdig.

2. Die Lehre und das Leben der Christen:
– Die Lehren der Bibel waren im Volk unter den Nicht-Theologen sehr wenig bekannt.
– Statt dessen waren der Ritus, die Bilder- und die Heiligenverehrung sehr ausgeprägt (auch z. B. Fasten, Kasteiung, Askese, Mönchtum...).
– Die Kirchensprache in Arabien war syrisch, deshalb blieben die Menschen in ihrer Unwissenheit.
– Deshalb konnten sich Irrlehren und Sekten auch ungehindert ausbreiten, so daß Mohammed nicht zwischen dem biblischen Glauben und den Irrlehren und Sekten unterscheiden konnte und sie alle als ‹Christen› betrachtete.
– Es fehlte die notwendige Treue Gottes Wort gegenüber, was die Äußerlichkeiten, die Heiligenverehrung, aber auch die Gemeindeorganisation und die Mission betraf.

3. Die Verbreitung der Christen:

- Rings um die arabische Halbinsel gab es ‹Christen›, was bei den meisten nur eine Kirchenzugehörigkeit bedeutete. Im Innern der arabischen Halbinsel jedoch waren die Christen äußerst spärlich anzutreffen, dazu noch zumeist als sonderbare Mönche und Eremiten, die jedoch wenig zur Missionierung der Halbinsel beitrugen.
- Statt einer offensiven Mission gab es hier den Rückzug in die Meditation. Den prägendsten Einfluß von christlicher Seite auf Mohammed stellen ohne Zweifel die äußerlich sichtbaren Formen des Mönchtums in Arabien dar.
- Die wenigen Christen, die besonders an den Ausläufern der arabischen Halbinsel anzutreffen waren, hatten nicht Arabisch sondern Syrisch als Kirchensprache, so daß sie selbst wenig von den Inhalten des Evangeliums mitbekamen, geschweige denn Mohammed, der auf seinen Handelsreisen öfter nach Syrien gekommen ist.
- Die Christen der damaligen Zeit waren größtenteils keine Araber, so daß ihr Glaube Mohammed schon allein wegen der kulturellen Unterschiede fremd vorkam. Es scheint festzustehen, daß es in Arabien selbst keine einzige christliche Gemeinde, die aus Arabern bestand, gab. Somit hatte Mohammed auch keinen Kontakt zu Landsleuten, die Christen waren.

4. Die Verbreitung der christlichen Schriften:

- Da eine Bibel sehr teuer war (Herstellung auf Pergament oder Leder), gab es überhaupt recht wenige.
- Es gab keine arabische Bibelübersetzung, auch keine Bibelteile: Nur in Syrisch und eventuell Griechisch waren Bibeln vorhanden. Und diese waren in Händen von Gebildeten, die sie in dieser Sprache lesen konnten.
- Auch sonstige Schriften gab es nicht in Arabisch und waren darüber hinaus nur Heiligenlegenden und Mönchsbiographien.
- Es steht fest, daß Mohammed selbst kein Stück der Bi-

bel gelesen hat. Die ihm bekannten Inhalte stammen aus Erzählungen und Berichten, die er selbst hörte, oder die er über andere gehört hat.»

Die arabische Welt zur Zeit von Muhammads Auftreten

Wie wir sahen, war die arabische Welt kurz nach 600 n. Chr. ein einziges Durcheinander in jeder Hinsicht. Die politischen Systeme waren verfallen, die Wirtschaft von Kriegen erstickt. Die religiösen Systeme reine Tradition und erstorben. Irgendeine Veränderung wäre in der arabischen Welt sicher über kurz oder lang vonstatten gegangen, und wäre Muhammad nicht aufgetreten, hätte ein anderer das Feuer entzündet. Die zerstrittenen Stämme warteten auf Einigung, die Religionen warteten auf neue Impulse und die ärmeren Bevölkerungsschichten auf neue Hoffnungen. Unzählige Propheten und Eremiten verkündigten die verschiedensten Ideen und lösten sich gegenseitig ab. Dazu drängte die arabische Welt auf Expansion über die arabische Halbinsel hinaus. Muhammad brachte etwas richtig in Gang, was schon längst in Bewegung war. Doch von seiner Berufung bis zum arabischen Großreich verging erst noch eine spannende Zeit, in der sich Welten schieden.

Kapitel 2

Muhammads Leben

Woher wissen wir etwas über Muhammad?

Der Koran
Die wichtigste und zugleich zuverlässigste Quelle zu Muhammads Leben und Wirken ist der Koran, der auch von allen Sekten und Gruppierungen im Islam damals wie heute ganz anerkannt wird. Daher ist für den Islamwissenschaftler die Aufstellung einer Chronologie der einzelnen Suren des Korans unerläßlich, auch wenn das von manchen Muslimen abgelehnt wird. Wir werden gemäß der allgemein anerkannten Chronologie die Entstehung des Korans im Leben Muhammads verfolgen.[55]

Der Hadith
Neben dem Koran sind die Hadith-Sammlungen die zweitwichtigste Quelle.[56] Sie sind zwar viel ergiebiger als der Koran, dafür aber bei weitem nicht so zuverlässig. Sie berichten die Handlungen und Aussprüche Muhammads und seiner Gefährten. Ein Hadith ist nur gültig, wenn eine genaue Kette von Zeugen, Berichterstattern und Überlieferern bis zu seiner Entstehung erstellt werden kann. Dies gelingt den Sammlern Bochari und Moslim am besten. Allerdings begründen diese Hadith zahlreiche Schulen und Richtungen und sind zum Teil offensichtlich religiös-politisch motiviert.

Die Sira
Die dritte Quelle sind die Sira. Dies sind seit dem 8. Jahrhundert zusammengestellte Muhammadchronologien und -lebensberichte. Je weiter sie zeitlich von Muham-

mad entfernt sind, desto unzuverlässiger werden sie. Wichtig ist vor allem die älteste Biographie von Ibn Ishaq, die uns nur in einer gekürzten Ausgabe von Ibn Hischam vorliegt (Sirat ar-rasul).

Die Legenden

Als fünfte Quelle stehen uns zahllose Legenden und späte Geschichten über Muhammad zur Verfügung. Wir werden sie nur bis zur Zeit seiner Berufung erwähnen, da für diese Zeit kaum Informationen zur Verfügung stehen, auch wenn sie für Nichtmuslime allgemein als Erfindungen erscheinen. Viele muslimische Autoren übernehmen sie allerdings ohne Probleme als Geschichtstatsachen.

Nichtislamische Quellen

Als letzte und einzige nichtislamische Quelle stehen uns die verstreuten Informationen der Religions-, Kirchen- und Profangeschichte zur Verfügung. Sie wurden im ersten Kapitel schon ausführlich berücksichtigt. Zum Teil sind sie allerdings auch unzuverlässig, da sie von viel Polemik geprägt sind.

Standpunkt des Betrachters

Wie wir schon am Problem der Legenden sahen, müssen wir uns für unsere Lebensbeschreibung Muhammads entscheiden, von welchem Standpunkt wir ausgehen. Vom islamischen Standpunkt aus ist Kritik an Muhammad unmöglich. Auch die zahllosen Überlieferungen und Legenden werden meist übernommen und oft auch da, wo sie widersprüchlich sind, nicht angegriffen.[57] Diese islamische Sicht werden wir zwar im Zusammenhang mit den Legenden über Muhammad darlegen, können sie aber nicht für brauchbar halten, um eine Biographie zu schreiben. Wenn wir uns in vielem daher der sogenannten Islamwissenschaft anschließen, geht es uns nicht um Polemik, denn auch dieses Bild stammt aus den oben genannten Quellen, die ja praktisch alle islamisch sind! Daß wir darüber hinaus die Bibel mit Altem und Neuen Testament als eigentlichen Maßstab betrachten, wird sicher deutlich werden, auch wenn wir bewußt darauf verzichtet haben, alle biographischen Angaben der Quellen aus dieser Sicht zu kommentieren. Unseres Erachtens ist eine Biographie über einen Religionsstifter nur von einem eindeutigen Standpunkt aus möglich. Dennoch muß sie fair geschrieben sein und vor allem der Wahrheit entsprechen.

Der Charakter des Buches macht es allerdings unmöglich, jede Aussage mit Quellenangaben zu belegen. Unsere Literaturangaben sind Hilfen zum weiteren Forschen, bedeuten jedoch nie, daß wir die Aussagen im Text lediglich dort gefunden hätten. Auf Zitate aus dem Arabischen wurde völlig verzichtet und die umstrittenen Punkte sind entweder als solche ausgewiesen oder bleiben ganz unerwähnt.

Muhammads Leben bis zur Berufung

Muhammads Heimatstadt
Während in vielen Gebieten Arabiens – wie wir schon sahen – der Götterglaube im Verfall begriffen war, war er in Muhammads Heimatstadt Mekka noch durchaus lebendig. Mekka war ja durch den Handel zu jener Zeit zu einer bedeutenden Stadt geworden. Ihre Bedeutung erhöhte sich durch die Kaaba als Hauptheiligtum ganz Arabiens und durch mehrere andere heilige Stätten, die zum Teil schon erwähnt wurden.

Die Stadt wurde allein von dem wirtschaftlich mächtigen Stamm der Quraischiten bewohnt. Er hatte durch seine vorteilhafte Handelspolitik der Stadt zum Aufschwung verholfen. Vor allem während der drei bis vier heiligen Monate, in denen ja die Kriege verboten waren, machten die Mekkaner durch ihre Märkte große Gewinne.

Die Kunst der Kriegsführung war bei den Mekkanern wohl wenig ausgebildet. So fand sich in Mekka ein besonderes Gemeindeverständnis, da jeder an der Aufrechterhaltung und friedlichen Abwicklung des Handels und der Wallfahrt interessiert war.

Muhammads Kindheit und Jugend

Die Familie
Muhammad wurde in der zweiten Hälfte des 6. Jahrhunderts in Mekka geboren. Sein Geburtsdatum läßt sich dabei nicht mit letzter Sicherheit festlegen. Es wird wohl zwischen 569 und 571 n. Chr. gelegen haben. Der Name Muhammad (= «Gepriesen»), den das Kind bekam, war ein allgemein üblicher Name. Sein Großvater Abd-al-Muttalib wohnte schon in Mekka. Sein Sohn, Muhammads Vater, hieß Abdallah, was Diener Gottes bedeutet. Seine Mutter hieß Amina und ist uns aus den Quellen am besten bekannt. Sein Vater stammte aus dem Geschlecht der Haschim, seine Mutter aus dem der Zuhra. Muhammad war selbst also ein Haschimit. Die ganze Familie hatte in Mekka wohl keine sehr bedeutende Stellung inne. So heißt es in Sure 43, 31:

«Und sie sagten: Warum ist (denn) dieser Koran nicht auf einen mächtigen Mann (in einer) von den beiden Städten (Mekka und Ta'if) herabgesandt worden?»

Erst in der späteren Überlieferung erhielt das Geschlecht der Haschim große Bedeutung.

Der Vater Muhammads starb entweder schon kurz vor seiner Geburt, wie die meisten Forscher mit Ibn Ishaq annehmen,[58] oder als Muhammad zwei Jahre alt war. Nach der Überlieferung starb er möglicherweise auf einer Handelsreise nach Medina.

Seine Jugend
Seine Mutter verlor er bereits im Alter von 6 Jahren, so

daß er nun Vollwaise war. Daraufhin kam er in das Haus seines Großvaters, der jedoch zwei Jahre später ebenfalls starb, so daß Muhammad in das Haus seines Onkels Abu Talib überwechselte, wo er seine Jugendzeit verbrachte (vgl. Sure 93, 6). Ihn begleitete er später auf Handelsreisen bis nach Syrien, auf denen er wohl schon früh in Kontakt mit Anhängern mehrerer Religionen, darunter auch mit Juden und Christen verschiedenster Schattierung, kam. Ansonsten kann über Muhammads Kindheit und Jugend nicht viel gesagt werden, ohne in den Bereich der Legende zu geraten, mit dem wir uns erst im nächsten Kapitel beschäftigen wollen.

Seine Heirat

Mit etwa 20 Jahren kam er dann in den niederen Dienst einer wohlhabenden Kaufmannswitwe namens Chadidscha, die schon zweimal verheiratet gewesen war und mehrere Kinder hatte. Aus den anfänglich einfachen Diensten arbeitete sich Muhammad durch seine Geschicklichkeit langsam empor, bis er den überwiegenden Teil der Geschäfte für Chadidscha führte, die großen Anteil am mekkanischen Handel hatte. Offensichtlich fand Chadidscha großen Gefallen an diesem jungen Mann in ihren Diensten. Obwohl sie schon etwa 40 Jahre alt war und Muhammad erst 25 Jahre, heirateten die beiden. Trotz dieses großen Altersunterschiedes wird die Ehe in den verschiedenen Berichten durchaus als glücklich beschrieben, wenn auch bisweilen die mütterliche Rolle Chadidschas deutlich wird, woraus einige schließen wollen, daß sie eine Art Ersatz für die frühverstorbene Mutter war.

Später, bei Muhammads ersten Offenbarungen und seinen Zweifeln an ihrer göttlichen Quelle sollte sie es sein, die Muhammad mit ihrer Autorität dazu brachte, sich als Prophet Gottes zu sehen. Damit war sie seine erste Anhängerin.

Zu Lebzeiten Chadidschas heiratete Muhammad keine zweite Frau. Von den Kindern aus dieser Ehe sind uns die Töchter Zainab, Ruqaija, Fatima und Umm Kulthum sicher belegt. Schwieriger wird es allerdings bei den Söhnen. In Sure 108, 3 wird Muhammad zwar als sohnlos bezeichnet, was aber auch dann möglich gewesen wäre, wenn mehrere Söhne zu diesem Zeitpunkt schon gestorben wären. Ziemlich sicher ist jedenfalls die Existenz eines Sohnes belegt, der jedoch im Kindesalter starb. Beim späteren Streit um die Nachfolge Muhammads wird klar, daß es nur unter seinen Enkeln männliche Nachkommen gab, die schon erwachsen waren, nämlich die Söhne seiner Tochter Fatima.

Bis zur Berufung

Durch die Heirat mit Chadidscha war Muhammad zum reichen mekkanischen Kaufmann aufgestiegen, der großes Interesse für Handel und den Gewinn entwickelte. Was er in den 15 Jahren zwischen seiner Heirat und der Berufung außer dem Handel, von dem er sich mit steigenden Einnahmen mehr und mehr zurückzog, tat und erlebte, wissen wir nicht. Vor allem seine religiöse Entwicklung und der Inhalt seiner häufigen Grübeleien bleiben uns verschlossen, zumal wir nicht wissen, ob er lesen und schreiben konnte. Einerseits müßte er es als Kaufmann zumindestens etwas gekonnt haben, andererseits verneint der Koran und der Islam dies energisch, da man so sicher ist, daß der Koran wirklich nicht von Muhammad stammt. Die Schriften der Juden und Christen jedenfalls wird er kaum gelesen haben, da sie schwerlich auf Arabisch vorlagen und schwer zugänglich waren.

Legenden um Geburt und Jugend

Neben den bisher beschriebenen Lebensdaten finden wir viele Geschichten islamischer Märchenerzähler, die das

Leben Muhammads vor allen Dingen dort ergänzen, wo keinerlei authentische Überlieferung vorliegt. Dabei soll vor allen Dingen zum Ausdruck kommen, daß schon Muhammads Geburt seine göttliche Sendung offenbarte und er sich bereits in seiner Jugendzeit in seinem Wesen und Handeln als der künftige Retter erwies. Wir bringen hier einige Beispiele, nicht, um dadurch Muhammads Biographie zu ergänzen, sondern um zu zeigen, wie der Islam die Jugend Muhammdas sieht.[59] *Daher ist das Folgende nicht unsere Meinung und müßte eigentlich immer mit einem «soll angeblich» versehen werden:*

Legenden zur Geburt

Schon Muhammdas Geburt wurde von bedeutenden Naturereignissen begleitet, von denen die ganze Schöpfung ergriffen wurde. In Jathrib (später: Medina) sah ein Jude den Anfang eines Sterns und verkündigte dieses Ereignis seiner Gemeinde. Seiner Mutter Amina erschien vor der Geburt ein Geist, der ihr den Namen Muhammad für den künftigen Sohn nannte und ihn als Herrn für das arabische Volk bezeichnete. Während der Schwangerschaft war Amina von einem starken Licht umgeben, das von ihr ausging. Als das später sein Großvater erfuhr, brachte er den Knaben zur Kaaba und pries Gott für die Geburt.

Als Säugling wurde Muhammad zu der Amme Halima vom Stamm der Sad aufs Land gebracht, um ihn nicht der schädlichen Atmosphäre der Stadt auszusetzen. Schon zu dieser Zeit verursachte er einige Wunder allein durch seine Anwesenheit. Zum Beispiel gaben die Kamelstuten ein Übermaß an Milch. Diese Wunder waren alle Zeichen für die Segnungen Gottes.

Legenden zur Jugend

In seiner Jugend wurde Muhammad von zwei Engeln zu Boden geworfen, die ihm die Brust öffneten, das Herz herausnahmen, das Böse daraus entfernten und den guten Teil des Herzens zurückverpflanzten. Als seine Amme das erfuhr, fragte sie sich, ob Muhammad nicht besessen sei und brachte ihn aus Furcht zu seiner Mutter zurück. Diese versicherte ihr jedoch den kommenden göttlichen Auftrag des Kindes und sagte ihr, daß Muhammad auf keinen Fall von Satan besessen sein könne.

Mit 6 Jahren wurde er für einen Monat nach Jathrib gebracht, woran er sich 27 Jahre später noch bis in alle Einzelheiten erinnern konnte. Auf einer Karawanenreise mit seinem Onkel rief er allein durch seine Gegenwart mehrere Wunder hervor. So wuchsen ihm zum Beispiel Bäume und Blätter augenblicklich zu Schattenspendern.

Bei einer ausführlichen Unterhaltung mit einem christlichen Mönch, (die nebenbei unter Umständen historisch ist), findet dieser auf Muhammads Rücken das «Siegel des Propheten» und kündigt ihm an, daß er ein Prophet Gottes werden wird.

Muhammads Tugenden

Schon immer hatte Muhammad zusammen mit seiner Familie Klarheit darüber, daß die Vielgötterei für den einen regierenden Gott eine Beleidigung sei. Alkohol, Glücksspiele und unsittliches Verhalten standen ihm völlig fern, obwohl doch seine Umgebung diese Dinge nicht verwerflich, sondern völlig normal fand. Das ihn umgebende Volk war ungehobelt und ungebildet und ohne Sinn für Reinheit. Muhammad dagegen stand in äußerer und innerer Reinheit da. Güte, Barmherzigkeit, Erbarmen, Mitleid, Gastfreiheit waren alles Eigenschaften, die er sogar in außergewöhnlichem Maß besaß. Er war opfer- und leidensbereit und sehr friedliebend. In seinem ganzen Leben sprach Muhammad keine einzige Lüge aus, und seine Worte waren von hohem ethisch-moralischen Wert. Überhaupt gab es nichts, was an der Integrität Muhammads zweifeln ließ. Selbst seine Handelsgeschäfte waren stets legal und übervorteilten niemanden. Kurz, Muhammad besaß alle nur denkbaren guten Eigenschaften. Dazu kam, daß er der schönste und anziehendste Mann überhaupt war. Damit hatte er ein göttliches Wesen, das ihn von allen anderen Menschen unterschied.

Muhammads Berufung

Die erste Offenbarung
Die Berufung Muhammads fiel etwa in das Jahr 609 oder 610 n. Chr., als er ungefähr 40 Jahre alt war. Er befand sich zu dieser Zeit häufiger in den Bergen von Hira, um sich dort zu besinnen. Immer öfter hat er sich mit dem Gedanken an das drohende Endgericht befaßt. Dazu war er durch Fasten und Selbstkasteiungen nahe der Verwirrung. In diesem Zustand wollte Muhammad selbst erstmalig dem Engel Gabriel, den er zunächst für Gott persönlich hielt, begegnet sein. Die Suren 44, 3 und 97, 1 sprechen von der «Herabsendung» des ersten Teils des Korans in einer Nacht im Monat Ramadan, der deswegen später zum heiligen Fastenmonat wurde. Nach der Tradition kam der Engel Gabriel als Gesandter Gottes mit einem Seidentuch zu ihm und sprach: «Lies!» oder: «Trag vor!» «Rezitiere!»[60] Muhammad antwortete: «Ich lese nicht.» Daraufhin soll Gabriel ihn gewürgt und gepeinigt haben, so daß Muhammad Angst um sein Leben bekam. Nachdem sich dies dreimal wiederholt hatte, fragte Muhammad endlich: «Was soll ich hersagen?» Gabriel antwortete mit den ersten fünf Versen von Sure 96, die damit der älteste Teil des Korans sind. (Da Gabriel allerdings erst später im Koran als Offenbarer genannt wird, muß die Tradition unsicher bleiben. Eventuell sind die ersten Offenbarungen gar nicht aufgezeichnet.)

Seine Reaktion
Offensichtlich war die Art der Offenbarung denen der normalen Wahrsager, wie wir sie schon beschrieben ha-

ben, so ähnlich, daß Muhammad sich für von einem Dschinn besessen hielt. Da er diese Wahrsager immer verabscheut hatte, wollte er sich umbringen, indem er sich von den Klippen des Gebirges Hira stürzte. Darauf bestätigte ihm Gabriel, daß er Bote Gottes sei.

Nach Hause zurückgekehrt, erzählte er seiner Frau von seiner Besessenheit. Sie richtete ihn aber auf und sagte ihm, daß er nicht besessen, sondern sicher als Prophet des arabischen Volkes berufen sei.

Der Warner

Muhammad fühlte sich nun vor allem als «Warner» vor dem letzten Gericht. «Man hat längst erkannt, daß nicht der Monotheismus die Zentralidee der urislamischen Predigt ist, sondern das Jüngste Gericht, das freilich engstens mit dem monotheistischen Gedanken verbunden ist.»[61]

Diese Warnung galt speziell für die Araber, denn noch glaubte Muhammad, daß bei Juden und Christen dieselbe Warnung desselben Gottes nur an ein anderes Volk gerichtet sei. Gott hatte sich eben bisher anderen Völkern offenbart, und nun wurde durch die Offenbarung an Muhammad die Vernachlässigung des arabischen Volkes beendet. Die göttliche Urschrift des Koran (umm al-kitab)[62] wurde nun in arabischer Übersetzung herabgesandt. Als er später feststellte, daß die Offenbarungen in anderen Sprachen (nämlich die Bibel) stark von seinen Offenbarungen abwich, zog er deswegen daraus den Schluß, daß die Juden und Christen die göttliche Offenbarung verfälscht hatten.

Erneute Zweifel

Nach den ersten Offenbarungen trat eine Pause ein, die den Berufenen in viele Zweifel über die Herkunft der über ihn kommenden Offenbarungen stürzte. Doch bevor er sich vielleicht doch noch hätte umbringen können, empfing er eine Flut von neuen Offenbarungen.

Seine Offenbarungen

Diese Offenbarungen setzten sich bis zu seinem Tod fort. Sie kamen bei den verschiedensten Gelegenheiten und mit immer neuen Begleiterscheinungen. Dabei erfuhr Muhammad diese Offenbarung nicht nur für sich persönlich, sondern in Verantwortung für die Rettung seines gesamten Volkes.

Einige Zitate sollen den Charakter der Offenbarungen verdeutlichen. Da sie ein Schlüssel für den Islam sind, sollen sie ausführlich behandelt werden.

«Wie soll man nun über diese Visionen und im ganzen über die Offenbarungen urteilen, die der Koran überall voraussetzt? Es hat Zeiten gegeben, da man diese Frage sehr leicht und schnell beantwortete, indem man Muhammad als bewußten Betrüger und seine angeblichen Visionen als lauter bewußte Erfindungen bezeichnete. Die neuere Forschung hat indessen erkannt, daß eine solche Erklärung nicht nur in psychologischer Hinsicht oberflächlich ist, sondern auch im Widerstreit mit den bestimmten Tatsachen steht, die uns im Koran und den Traditionen begegnen. Es kann kein Zweifel daran sein, daß Muhammad sich bei seinen Visionen in einem leidenden Zustand befunden, daß er wirklich Gestalten gesehen und Stimmen gehört hat, so wie er es seinen Hörern schildert. In einer Reihe von Traditionen wird berichtet, wie er, wenn die prophetischen Anfälle über ihn kamen, zu Boden fiel, die Farbe wechselte und darauf rot im Gesicht wurde, als läge er im stärksten Fieber; große Schweißtropfen bedeckten seine Stirn selbst an den kältesten Wintertagen; er atmete mit einem röchelnden Laut, der an das Schnauben eines Kamels erinnerte. Man pflegte ihn einzuhüllen und ein Lederkissen unter seinen Kopf zu legen. Selbst sagte er, er höre in diesem Zustand mitunter eine redende Stimme, wie wenn ein Mensch zu einem anderen spricht, mitunter dagegen gleichsam einen Glockenton, was für ihn besonders quälend war. Für die

Wahrheit dieser Schilderungen bürgt vor allem der Umstand, daß eben diese unheimlichen Zustände mehr als irgend etwas anderes dazu beigetragen haben, den unerschütterlichen Glauben seiner Anhänger an den übernatürlichen Ursprung seiner Inspirationen zu befestigen, so daß z. B. Umar, der oft einen sehr scharfen Blick für die menschlichen Gebrechen des Propheten hatte, doch nie daran zweifelte, daß Gott sich seiner als Überbringer von Offenbarungen bediente. Diese Anfälle waren es, die den Gegnern Anlaß gaben ihn zu beschuldigen, daß er von Dschinnen besessen sei (siehe weiter unten). Einen solchen Beweis für ihre Tatsächlichkeit hat man in dem Umstande, daß sich sehr zeitig die Auffassung verbreitete, Muhammad leide an krankhaften und abnormen Zuständen, die man für Epilepsie hielt. Da er indessen während seiner Anfälle bei Bewußtsein blieb, so kann diese Erklärung nicht richtig sein...»[63]

«Er empfing die koranischen Fragmente in einem seelischen Trancezustand, der seine bewußte und willensfähige Persönlichkeit selbst dort überschwemmte, wo es sich um eigene Anliegen und Sorgen handelte.»

«Die Begleiterscheinungen der Offenbarungen waren beeindruckend. Wenn Mohammed das Nahen der Offenbarung spürte, überkamen ihn Frösteln und Schauern, und er ließ sich gewöhnlich einen Schleier oder Mantel reichen (O du Verhüllter, LXXIII, o du Bedeckter, LXXIV), unter dem man ihn stöhnen, röcheln und schreien hörte. Nach den Offenbarungen war er schweißgebadet und litt an Kopfschmerzen, die er mit Umschlägen behandelte. Erwähnt wird auch eine krampfartige Muskelspannung. Nach der feierlichen Verkündigung der Abschiedswallfahrt, als der Prophet auf einem Kamel saß, warf die Wucht eines herabsteigenden Verses (des letzten) das Tier auf die Knie.»[64]

«Nicht durch den Koran, sondern durch glaubwürdige Hadithe erfahren wir etwas über die halb krankhaften ekstatischen Zustände, von denen er befallen wurde (s. d. Art. MUHAMMAD); höchstens könnte die Einhüllung (LXXIII, 1, LXXIV, 1) vielleicht einen leisen Hinweis darauf enthalten. Daß er Visionen gehabt hat, geht aus LIII, 5 ff., LXXXI, 23 ff. hervor.»

«Es war die Stimme Allahs, die bis auf wenige Ausnahmen in dem stereotypen ‹wir› zu ihm redet und selbst das, was der Prophet zu sagen hat, durch ein vorgesetztes ‹kul›, ‹sprich› zu einer Gottesrede stempelt. Er vernahm diese göttliche Stimme nicht unmittelbar – dazu war seine Vorstellung von Allahs unendlicher Überlegenheit zu groß – sondern durch die Vermittlung des ‹Geistes› oder eines Engels, nach der späteren Stelle II, 91 Gabriels.»[65]

«Manchmal mag er die Worte gehört haben, die zu ihm gesprochen wurden, aber meistens scheint er sie einfach ‹in seinem Herzen gefunden zu haben›. Wie auch immer die genaue ‹Art der Offenbarung› aussah – und von den muslimischen Forschern wurden mehrere unterschiedliche ‹Arten› aufgezählt – das entscheidende ist, daß die Botschaft nicht im bewußten Denken Muhammads entstand. Er glaubte, daß er ohne Schwierigkeiten zwischen seinem eigenen Denken und den Offenbarungen unterscheiden könne.»[66]

Muhammad in Mekka

Die ersten Verkündigungen

Muhammad begann nun immer stärker, die Lehre, die ihm offenbart wurde, in Mekka zu verkündigen. Diese erste Verkündigung, wie wir sie in den frühen Suren wiederfinden, hatte vor allem das kommende Gericht des einen Gottes über alle Menschen zum Thema. Dies entsprach ganz der damaligen Verkündigung der «Christen» in Arabien, die ebenfalls fast ausschließlich das jüngste Gericht in immer neuen Farben ausmalten. Die Angst vor der

Verdammnis stand Muhammad klar vor Augen. So werden die Höllenqualen der Gottlosen eindrücklich beschrieben. Demgegenüber wird das Paradies als prächtiger Ort geschildert, wo der Gläubige durch Wein und Paradiesjungfrauen erfreut wird. Der richtende Gott ist zugleich der allmächtige Gott, der Himmel und Erde erschaffen hat. Weil der Mensch erschaffen ist, ist er auch Gott gegenüber verantwortlich.

So geht es nun um gute Werke, die der Mensch nach dem Willen Gottes tun soll. Muhammad verkündigte die Notwendigkeit der Wohltätigkeit und predigte gegen den Götzendienst, die Unkeuschheit und das Begraben neugeborener Mädchen, was damals allgemein üblich war. Handel, Reichtum und die Ehe mit mehreren Frauen dagegen sind erstrebenswert.

Als wichtigste religiöse Pflicht galt ihm jedoch das Gebet. Dabei stand die Kaaba weiterhin im Mittelpunkt. Überhaupt hatte Muhammad noch viele mekkanische Gebräuche unangetastet gelassen. So lehnte er sich im Stil seiner Offenbarungen an die Reimprosa (sadsch') der Wahrsager an und benutzte zahlreiche Schwurformeln. Erst allmählich trat diese Form zurück, wobei er immer mehr seine Verkündigung nicht als Fortsetzung der vielen arabischen Propheten und Wahrsager sah, sondern der jüdischen und christlichen Lehrer.

Muhammads erste Anhänger

Diese Botschaft wurde als erstes von seiner Frau Chadidscha aufgenommen, die ihm sogleich die notwendige moralische und auch finanzielle Unterstützung zuteil werden ließ. Als nächstes folgten seine drei Töchter. Sein erster männlicher Anhänger war wohl sein Vetter Ali, vielleicht auch einer seiner Sklaven namens Zaid Ibn Harita. Ein weiterer seiner Vettern dagegen war nicht zu gewinnen, da dieser Verwandte Chadidschas mit Namen Wakara konvertierter Christ war und von seiner Kenntnis der Bibel her wohl mit Muhammad diskutierte.

Bald schloß sich auch der Quraischit Abu Bakr an. Weiter folgten unter anderem Uthman, Said, Zubair, Ubaidallah und Abdar-rahman. Die meisten waren aus seinem eigenen Geschlecht oder bei diesem als Sklaven angestellt.

Anfänglich stieß Muhammad auf wenig Widerstand, weil niemand seinem Auftreten große Bedeutung zumaß, zumal es ja ähnliche Propheten häufiger gab. Erst als durch den Monotheismus Kultwallfahrten und Handel in Gefahr schienen, wurde man unruhig.

Opposition in Mekka

Erste Auseinandersetzungen
Die Mekkaner lebten ja von dem großen Gewinn durch die Wallfahrten und der religiösen Funktion Mekkas. Erst später, als sich die Befürchtungen nicht bestätigten, daß etwa die Kaaba abgeschafft würde, gingen die mekkanischen Kaufleute auf die neue Religion ein.

Doch zunächst entbrannten mehr und mehr Auseinandersetzungen zwischen Muhammads Anhängern und den übrigen Bewohnern von Mekka. Anfänglich waren diese geistiger Art: Die Mekkaner machten Muhammad lächerlich und zweifelten an seiner göttlichen Sendung. Seine ekstatischen Zustände erklärten sie mit dämonischer Besessenheit, wie sie allgemein bei den Wahrsagern, Sehern und Dichtern üblich war.

Muhammad war wegen dieser Vorwürfe sehr verletzt und bestritt die Anschuldigungen energisch, wobei er auf das kommende Gericht verwies. Erneute Offenbarungen erklärten ihm, daß er kein Wahrsager sei (Sure 52, 29 und 69, 40–42) und bestätigten seine Sendung durch Ankündigung der Strafen für seine Gegner (Sure 17, 97–98).

Die Mekkaner forderten Muhammad zu Wundern auf,

damit er seine göttliche Sendung unter Beweis stellte. Er wies dies jedoch mit dem Argument zurück, daß auch Wunder die Mekkaner nicht überzeugen würden (Sure 52, 44) und sie sie anders erklären könnten.

Angriffspunkte

Auch der Inhalt von Muhammads Offenbarungen im einzelnen wurde zum Streitpunkt. Man bezweifelte das kommende Gericht, zumal ja auch das der Stadt angedrohte Strafgericht nicht eintrat. Muhammad entgegnete, daß man allen Propheten der Geschichte nicht geglaubt hatte. Sie genossen dafür aber immer ein besonderes Ansehen bei Gott. Nur die Verstocktheit der Menschen hielt die Menschen davon ab, dem Willen Gottes gehorsam zu werden (Sure 74, 31).

Ein weiterer Angriffspunkt war Muhammads Anspruch, direkte Offenbarungen von Gott zu bekommen, ohne eigene Gedanken einfließen zu lassen. Den Mekkanern war nämlich schon längst aufgefallen, wie viele Elemente Muhammad aus den Lehren der christlichen und jüdischen Gruppen Arabiens übernahm, wenn auch nur wenige Juden und Christen, wie der Vetter Wakara, in Mekka lebten.

Der Druck nimmt zu

Vor allem Sklaven kamen immer häufiger zur Anhängerschaft Muhammads hinzu. Sie hatten meist viel Unterdrückung zu erdulden, da ihre Herren oft ganz gegen Muhammad waren. Zwar kamen mit der Zeit dann auch einflußreiche Mekkaner zum neuen Glauben hinzu, aber das verschärfte die Konflikte nur noch mehr. Auch der Sippenverband stellte sich hinter Muhammad und beschützte ihn, obwohl viele Verwandte Muhammads innerlich noch keineswegs von seinen Offenbarungen überzeugt waren.

Als der Druck – vor allem die Gewalttätigkeiten gegen die Sklaven – immer stärker wurde, zog sich Muhammad mit 84 Männern, Frauen und Kindern in das nahe Äthiopien zurück. Dies war eigentlich die erste Auswanderung. Unter dem «christlichen» Fürsten fand er Ruhe und konnte die Entwicklung in der Heimatstadt abwarten und beurteilen. Zu dieser Zeit war Muhammad dem Christentum, das er vorfand, wohl sehr zugeneigt und erhoffte die Anerkennung der Christen in Äthiopien zu finden (vgl. z. B. Sure 30, 1ff.). Bald kehrte er jedoch ohne die 84 Exilanten nach Mekka zurück.

Hier belegte man inzwischen Muhammads Geschlecht der Haschimiten mit einem Handels- und Heiratsboykott, die allerdings keine allzu große Wirkung zeigten. So fand schon bald eine Aussöhnung zwischen den Geschlechtern statt und Muhammad bekam etwas mehr Freiheit.

Das Jahr der Trauer

Merklich verschlechterte sich Muhammads Rolle im Jahr 619 n. Chr., in dem sowohl seine Frau Chadidscha, als auch sein Onkel Abu Talib starben. Mit Chadidscha verlor Muhammad seine finanzielle Sicherheit und die ständige moralische Unterstützung seiner ersten Anhängerin, in Abu Talib verlor er den äußeren Schutz, den dieser ihm immer gegen alle Angriffe hatte zuteil werden lassen. Nun gab es für Aktionen der Mekkaner kaum noch Hindernisse.

Suche nach Anhängern

Bei Muhammad war inzwischen der Gedanke an ein kommendes Gericht etwas in den Hintergrund getreten. Immer mehr schob sich die Vorstellung in den Vordergrund, daß eine Gemeinde der an den einen Gott Glaubenden gegründet werden müßte. Da er sich zu diesem Auftrag unbedingt verpflichtet sah und er durch die Offenbarungen bestätigt wurde, auf der anderen Seite aber in Mekka an eine solche Gemeinde nicht zu denken war, erwog Muhammad, ob nicht ein anderer Ort zur Durchführung des göttlichen Plans geeigneter wäre.

So begab er sich nach Taif, weil er dort eine größere Resonanz erwartete. Hier erhielt er aber eine schmähliche Abfuhr, so daß er gebrochen nach Mekka zurückkehrte, ohne jedoch den Tag der Heimzahlung aus den Augen zu verlieren. Wieder trösteten ihn Offenbarungen, hier besonders einige Geister (Dschinn) (Sure 46, 28–29).

Auch bei anderen Stämmen suchte Muhammad Anhänger. Zwar wurde er selbst immer weiter bekannt, seine Lehre wollte jedoch selten jemand annehmen.

Die Hidschra: von Mekka nach Medina

Das offene Medina

Auch mit den Einwohnern von Jathrib[67] kam Muhammad in Kontakt. Hier gab es viel mehr Offenheit, und eine Reihe Leute traten recht schnell zum Islam über. Sofort flüchteten einige der besonders schlimm behandelten muslimischen Mekkaner nach Jathrib. Dort gewannen sie weitere Anhänger. Zusätzlich schickte Muhammad einige Anhänger direkt als «Missionare» nach Jathrib, die unter allen dortigen Geschlechtern außer unter den Aus, neue Gläubige gewannen.

Die Bewohner von Jathrib boten Muhammad den Abschluß eines Bündnisses an, da in Jathrib mehrere zerstrittene Gruppen lebten, die dringend einen Streitschlichter benötigten. Nur wegen dieser Vielfalt in Jathrib konnte Muhammads Gruppe bisher überhaupt in der Stadt unterkommen. Nachdem Muhammad dieses Bündnis abgeschlossen hatte, begannen seine Anhänger zum Teil nach Jathrib auszuwandern, wobei die Sklaven oft wieder mit Gewalt zurückgeholt wurden.

Als die Mekkaner hinter dieses Bündnis kamen, verstärkten sie die Schikanen und Gewaltanwendungen auf die Gläubigen. Dies beschleunigte die Abwanderung der Betroffenen.

Muhammads Auswanderung

Auch Muhammad flüchtete heimlich aus Mekka und gelang über Umwege nach Jathrib. Er befürchtete nämlich, daß er sonst Mekka später gar nicht mehr verlassen könnte (vgl. Sure 9, 40).

So befand sich nun in Medina[68] fast die gesamte islamische Gemeinde, wenn man einmal von den in Äthiopien lebenden Exilanten und den gewalttätig in Mekka zurückgehaltenen Anhängern Muhammads absieht.

Dieser Wechsel von Mekka nach Medina bedeutete für Muhammad und den Islam eine gewaltige Wende.

Eine neue Zeit

Nicht zufällig beginnt am Tag dieses Wechsels Muhammads, am 15./16.7.622 n. Chr. die islamische Zeitrechnung mit dem Jahr 0. Das Ereignis wurde Hidschra genannt. Hidschra bedeutet nicht, wie oft übersetzt, «Flucht», sondern «Bruch», «Auflösung» oder «Loslösung».[69] Dies besagt einfach, daß die Gemeinschaft mit Mekka abgebrochen wurde. Muhammad hatte ja zugleich den Bruch mit seinem Sippenverband vollzogen, ein für diesen Kulturkreis ungeheuerlicher Vorgang. Die Zeit in Medina (wie Jathrib kurz von den neuen Gläubigen genannt wurde), bedeutete zugleich mit der Abwanderung aus Mekka eine große persönliche Niederlage und Kränkung für Muhammad. Auch hier blieb der Wunsch auf Vergeltung wach. Zunächst aber tröstete er sich mit der Hoffnung auf Erfolg in Medina.

Muhammad in Medina

In Medina warteten völlig neue Aufgaben auf Muhammad. Vermehrt mußten alltägliche Fragen von ihm entschieden werden. Dazu kam die neue politische Komponente. Muhammad sollte zwischen den zerstrittenen Stämmen und Geschlechtern, die in ständigen, blutigen Fehden miteinander lagen, die Rolle eines Schiedsrichters (hakam) wahrnehmen. Dabei war sein Ziel jedoch nicht nur, einfach Frieden zu stiften, sondern der Zusammenschluß der unterschiedlichsten religiösen Gruppen zu einer homogenen Gemeinde (umma).[70]

Medina unterschied sich von Mekka nämlich in mancherlei Hinsicht. Es gab dort kein fest geschlossenes Gemeinwesen wie in Mekka. Der lockere Verband mit den verschiedenen Gruppen konnte ohne Schwierigkeiten die Neuankömmlinge aufnehmen. Von den 3000 Einwohnern in Medina sind die beiden ansässigen arabischen Stämme Aus und Chazradsch zu nennen. Dazu existierten drei feste, geschlossene jüdische Stammesgemeinden, die Banu al-Nadir, Banu Qainuqa und die Banu Quraiza.

Wahrscheinlich waren dazu auch einige Christen ansässig, jedoch nicht als organisierte Gemeinde wie die Juden. Die Mekkaner mußten sinnvoll in die bestehende Gemeinschaft integriert werden, um einen einheitlichen Gemeinverband zu schaffen. Muhammad wird als der Gesandte Gottes zum geistlichen Führer und zum Stadtoberhaupt, also auch zum weltlichen Führer. Die einwandernden Mekkaner hatten meist ihr Vermögen in Mekka zurückgelassen, so daß trotz der Gastfreundschaft die Beteiligten in eine schwierige wirtschaftliche Lage kamen. Zu der neu entstehenden Gemeinde sollten auch die jedoch distanziert bleibenden Juden gehören.

Diese schwierige Lage der Mekkaner konnte eigentlich nur durch Raubzüge und Überfälle gelöst werden. Die Machtstellung Muhammads verstärkte sich ständig.

Muhammad und die Frauen[71]

Seine Frauen

Auch für seine Stellung zur Frau und zur Heirat wurde der Wechsel nach Medina ein Wendepunkt. Zu Lebzeiten Chadidschas war er ja bei der Einehe geblieben, nach deren Tod heiratete er jedoch nacheinander mehrere Frauen.

Als erstes heiratete er Sauda, die Witwe eines Anhängers, der nach Äthiopien geflüchtet war. Seine wichtigste Frau wurde Aischa, die Tochter Abu Bakrs, der einer seiner ersten Anhänger war und später, nach dem Tod Muhammads, eine wichtige Rolle spielen sollte. Mit dem Anwachsen der finanziellen Möglichkeiten Muhammads in Medina konnte sich sein Harem vergrößern. So brachte er z. B. eine Frau von einer Razzia mit und scheute sich nicht seine Verwandte Zainab trotz des Verbotes der Blutschande zu heiraten. Am Ende hatte er 13 Frauen, wovon zwei Sklavinnen waren. Schwierigkeiten ergaben sich allerdings daraus, daß Muhammad in einer Offenbarung die Anweisung erhielt, daß ein Muslim neben beliebig vielen Sklavinnen nur höchstens vier Frauen haben durfte (Sure 4, 3). Durch eine besondere Offenbarung jedoch wurde es Muhammad erlaubt, als einziger Muslim beliebig viele Frauen zu haben und auch seine Nichten zu heiraten. Ausführlich wird das in Sure 33, 50–52 beschrieben.

Die Frau in Arabien

Um die Stellung der Frau im Islam zu verstehen, müssen wir etwas weiter ausholen. In alter Zeit hatte in Arabien wohl das Matriarchat bestanden,[72] was soviel heißt, daß die Frau die Leitung hatte und nach freier Wahl mehrere Männer heiraten konnte. Diese matriarchalische Gesellschaftsordnung schlug irgendwann in ein strenges Patriarchat um. Der Mann war der absolute Herrscher und hatte je nach Vermögen beliebig viele Frauen, die als sein persönlicher Besitz angesehen wurden. Er konnte sie verstoßen und zurückholen wie er wollte. Meistens wurden dabei die Frauen wie ein Handelsgut durch Vertrag des Bräutigams mit der Sippe der Braut ohne ihre direkte Beteiligung oder Einwilligung eingekauft.

Die Frau im Koran

Von Muhammad wurde dieses Eherecht zum größten Teil

übernommen. So heißt es etwa in Sure 4, 43: «Die Männer stehen über den Frauen, weil Gott sie (von Natur vor diesen) ausgezeichnet hat und wegen der Ausgaben, die sie von ihrem Vermögen ... gemacht haben ... Und wenn ihr fürchtet, daß (irgendwelche) Frauen sich auflehnen, dann vermahnt sie, meidet sie im Ehebett und schlagt sie.» (Sure 4 äußerst sich fast ausschließlich zum Thema Frauen.)

Der Koran äußert sich aber noch an zahlreichen anderen Stellen über die Frauen im Sinne altarabischer Vorstellungen. So liegt etwa der Sinn der Erschaffung der Frau in der sexuellen Befriedigung des Mannes, (Sure 7, 189; 30, 21).

Auf der anderen Seite brachte Muhammad für die Stellung der Frau und das Eherecht manche Verbesserung. So durfte die Frau offiziell nur noch zweimal verstoßen und wieder zurückgeholt werden (Sure 2, 228 und 229). In Ehefragen konnten Schiedsrichter herangezogen werden (Sure 4, 35). Allerdings war die Verstoßung auch bei Kleinigkeiten möglich. Außerdem durfte man höchstens vier Frauen heiraten und sollte, wenn man sie nicht versorgen konnte, lieber nur eine oder zwei haben und statt dessen Sklavinnen besitzen (Sure 4, 3). Daneben wurden gewisse Formen der Blutschande verboten (Sure 4, 22–24), wobei nur Muhammad eine Ausnahme machte (Sure 33, 50). Daß neugeborene Mädchen nicht mehr einfach lebendig begraben werden durften, änderte jedoch nichts daran, daß die Geburt eines Mädchens auch weiterhin als minderwertig angesehen wurde und man nur für gesunde, männliche Nachkommen dankte (Sure 7, 189).[73]

Diese Neuerungen können aber nicht darüber hinwegtäuschen, daß die Praxis durchaus anders verlief, da die neuen Gläubigen diese Einschränkung nicht ohne weiteres für sich annahmen. Dieses Bild der Frau herrscht im Islam bis heute in stärkerer oder abgeschwächterer Form vor. In Gebieten, in denen das Recht des Korans unverändert ausgeübt wird, ist die Polygamie weiter vorhanden und die Sellung der Frau entsprechend schlecht.

Die Auseinandersetzung mit Juden und Christen

Erste Anerkennung der Juden
In Medina gab es, wie schon erwähnt, drei jüdische Stämme neben den zwei arabischen. Obwohl die Juden sicher viel Kulturgut und auch die arabische Sprache von ihrer Umwelt übernommen hatten, gab es doch auf der anderen Seite ganz klare Unterschiede. So wurde die Thora z. B. trotzdem in hebräisch verlesen.

Muhammad hielt seine Offenbarungen zunächst mit den heiligen Schriften der Juden und Christen für übereinstimmend. Das wird aus den ältesten medinensischen Suren klar, so z. B. aus Sure 2, 62: «Diejenigen, die glauben, (d. h. die Muslime) und diejenigen, die dem Judentum angehören, und die Christen und die Sabier, – (alle) die, die an Gott und den jüngsten Tag glauben und tun, was recht ist, denen steht bei ihrem Herrn ihr Lohn zu, und die brauchen (wegen des Gerichts) keine Angst zu haben, und sie werden (nach der Abrechnung am jüngsten Tag) nicht traurig sein.»

Die Juden und Christen erkannte er ebenfalls als Schriftbesitzer an (ahl al-kitab) d. h., sie besitzen ein von Gott offenbartes heiliges Buch. Von diesem Buch existiert im Himmel eine Urschrift. Daher übernahm er auch einige Elemente aus dem jüdischen Glauben, so etwa die häufigen liturgischen Gebete, die Gebetsrichtung (qibla) nach Jerusalem, den Freitagsabendgottesdienst (bei den Juden die Vorbereitung auf den Sabbat), Einzelheiten des Fastens und die Prophetengeschichten.

Der Spott der Juden
Die Juden dagegen begannen, Muhammad zu verspotten, was ihm auch leicht politische Probleme hätte schaffen

können. Vor allem machten sie sich mit oft beißendem Hohn darüber lustig, daß die Geschichte, die Muhammad offenbarte, oft in direktem Widerspruch zum Alten Testament standen. So sagt etwa Josef (Jusuf) am Ende der veränderten Koranversion (Sure 12): «Laß mich (dereinst) als Muslim sterben...» (Sure 12, 101).[74]

Vorwürfe an die Juden

Da Muhammad und seine Anhänger die Schriften der Juden, die nicht auf Arabisch vorlagen, nicht lesen konnten, stand Aussage gegen Aussage. In den theologischen Streitgesprächen, die die Juden mit Muhammad führten, war dieser hoffnungslos unterlegen, so daß er sich nur darauf berufen konnte, daß er als Gesandter Gottes (rasul allah) beauftragt sei und Kritik an der Offenbarung in Wirklichkeit Kritik an Gott selbst sei (Sure 2, 135 f.). Daher kam er mehr und mehr zu der Überzeugung, daß die Juden (und auch die Christen) ihre Offenbarungen verfälscht haben müßten (neunmal in Sure 2; fünfmal in Sure 3, viermal in Sure 4 und 5).

Das Verhältnis zu den Christen

Auch bei den wenigen Christen erfuhr Muhammad nicht unbedingt die erhoffte Anerkennung. Er fand sie ja sehr zerstritten vor, zumal viele der verschiedenen christlichen Gruppen vom Judentum kaum zu unterscheiden waren. Insgesamt aber fiel sein Urteil über die Christen wesentlich positiver als über die Juden aus. Eine wichtige Rolle spielten dabei die Eremiten und Mönche, die allerdings nicht in Medina lebten. So heißt es in Sure 5, 82: «Und du wirst sicher finden, daß diejenigen, die den Gläubigen in Liebe am nächsten stehen, die sind, welche sagen: ‹Wir sind Nasárá (d. h. Christen).› Dies deshalb, weil es unter ihnen Priester und Mönche gibt, und weil sie nicht hochmütig sind.» Dazu kommt, daß sich, besonders auch später viele «Christen» lieber der Herrschaft Muhammads und des Islam unterstellten als der Fremdherrschaft der «christlichen» Staaten. Dennoch ging Muhammad mehrfach gegen den Dreieinigkeitsgedanken vor, den er als Götzendienst (Polytheismus) verstand. Daß er als die Götter der Dreieinigkeit Gott, Jesus und Maria verstand (Sure 5, 116), zeigt allerdings deutlich, daß sich diese Polemik oft auf die verschiedensten Sekten und synkretistischen Kirchen bezog. Ebenso zeigt die Tatsache, daß er den Juden vorwarf, Esra als Sohn Gottes zu verehren (Sure 9, 30), daß das Judentum sich ebenfalls weit von der Lehre des Alten Testaments entfernt hatte.

Der Islam wird eine eigene Religion

Es ist nun von entscheidender Bedeutung, daß in der Auseinandersetzung mit den Juden in Medina Muhammad sich eigentlich erst richtig zum Religionsstifter entwickelte. Durch die sich häufenden Offenbarungen, die sich gegen Juden und Christen richteten, wurde erst allmählich der Bruch mit den anderen Religionen endgültig vollzogen.

Das Beispiel Fasten

An zwei konkreten Beispielen im Koran können wir diesen Bruch um 623/624 n. Chr. gut verfolgen. Während das Fasten bisher am jüdischen Vorbild orientiert war, wurde es nun nach den Auseinandersetzungen in seiner Form entschieden verändert. Da Muhammad seine erste Offenbarung im Monat Ramadan empfangen haben soll, wurde dieser Monat zum Fastenmonat erklärt (Sure 2, 181). Das Fasten dauerte jeweils von Sonnenaufgang bis Sonnenuntergang. Dabei enthielt man sich jeglicher Speise und Getränke, wobei auch der Speichel nicht geschluckt wurde, und des ehelichen Verkehrs. Als Sonnenaufgang galt (und gilt noch bis heute) der Zeitpunkt, an dem man einen schwarzen von einem weißen Faden unterscheiden kann. Ebenso wurde der Sonnenuntergang bestimmt. Der Ramadan ist auch heute für strenggläubige Muslims verbindlich. Da dieser Monat in der islamischen Zeitrechnung, in der der Mondmonat kürzer als unser Sonnenmonat ist, durch das ganze Jahr wandert, ist die Einhaltung des Fastens im Sommer besonders schwer, da das eine Fastenzeit von 16–18 Stunden bedeuten kann. Ist der Fastentag beendet, wird in der Nacht gefeiert und gegessen.[75]

Das Beispiel Gebetsrichtung

Ebenso offensichtlich ist die Änderung der Gebetsrichtung von Jerusalem nach Mekka als ein weiteres Beispiel für die eigenständige Entwicklung.

Sure 2, 143–144: «Und so haben wir euch (Muslime) zu einer in der Mitte stehenden Gemeinschaft gemacht, damit ihr Zeugen über die (anderen) Menschen seiet und der Gesandte über euch Zeuge sei. Und wir haben die Gebetsrichtung, die du (bisher) eingehalten hast, nur eingesetzt, um (die Leute auf die Probe zu stellen und) in Erfahrung zu bringen, wer dem Gesandten folgt, und wer eine Kehrtwendung vollzieht (und abtrünnig wird). Es ist zwar schwer (was man von den Leuten verlangt), aber nicht für diejenigen, die Gott recht geleitet hat. Gott kann unmöglich zulassen, daß ihr umsonst geglaubt habt. Er ist gegen die Menschen mitleidig und barmherzig. Wir sehen, daß du unschlüssig bist, wohin am Himmel du dich (beim Gebet) mit dem Gesicht wenden sollst. Darum wollen wir dich (jetzt) in eine Gebetsrichtung weisen, mit der du gerne einverstanden sein wirst: Wende dich mit dem Gesicht in Richtung der heiligen Kultstätte (in Mekka)! Und wo immer ihr (Gläubigen) seid, da wendet euch mit dem Gesicht in diese Richtung! Diejenigen, die die Schrift erhalten haben, wissen, daß es die Wahrheit ist (und) von ihrem Herrn (kommt). Und Gott achtet sehr wohl auf das, was sie tun.»

Die Abrahamlegende

Um zu begründen, warum das heidnische Mekka mit seiner Kaaba Zentrum der neuen Religion werden sollte, mußte es eine neue Bedeutung erhalten. Für Muhammad war Abraham (Ibrahim) der Begründer der reinen Religion. Abraham hatte in der Stadt Mekka mit seinem Sohn Ismail die Kaaba aufgerichtet.[76] Sie war das Haus Gottes, und ihre Umgebung ein Gebiet des Gottesfriedens. Er rief zu Wallfahrten dorthin auf und sorgte für die Reinigung von heidnischen Elementen. So war er der typische Vertreter des Hanifentums im Gegensatz zu den polytheistischen Heiden (z. B. Sure 235). Die Geschichte des Wortes «Hanif» ist nicht völlig klar. Er ist ein Anhänger der reinen Religion, der Gottsucher, aber weder Jude noch Christ. Manchmal wird Abraham nicht nur als Hanif bezeichnet, sondern direkt auch als Muslim.

Die Verwendung Abrahams hatte den Vorteil, daß er zwar weder Jude noch Christ war, aber von Juden und Christen gleichermaßen anerkannt wurde.[77] Außerdem konnte Muhammad mit diesem Schritt die Araber einen, indem er den bisherigen Mittelpunkt ihres Götzendienstes zum Mittelpunkt des neuen Glaubens machte. Zugleich zerstreuten sich so die wirtschaftlichen Bedenken vieler Kaufleute, da die Wallfahrten weiterhin vorgeschrieben, ja selbst die Bräuche bis in Einzelheiten übernommen wurden. Da darüber hinaus auch viele Mönche und Anhänger anderer Kleinreligionen nach Mekka pilgerten, war die Erhebung der Kaaba zum islamischen Zentralheiligtum ein gelungener Schachzug Muhammads. Außerdem begründete er im Blick auf die Zukunft den Anspruch auf die Eroberung Mekkas und damit den auf die langersehnte Vergeltung.

Worte an Juden und Christen

Die Auseinandersetzung mit den Juden führte immer mehr zu scharfen Gerichtsworten an diese Schriftbesitzer.

Die Beschuldigungen Gottes schon zu alttestamentlicher Zeit unterstützen dabei Muhammads Vorwürfe (Sure 2, 81f.). So greift Muhammad einerseits immer wieder Elemente aus der jüdischen Überlieferung auf, verändert sie andererseits jedoch bis zur Unkenntlichkeit.[78] Dasselbe gilt für die Auseinandersetzung mit den Christen. So ist einerseits erstaunlich häufig von Jesus die Rede, ja selbst die Jungfrauengeburt wird übernommen, andererseits werden gerade die eigentlichen Besonderheiten Jesu nach dem Neuen Testament grundsätzlich und immer schärfer in Frage gestellt. So schwankt Muhammad immer wieder zwischen der Anerkennung des Judentums und Christentums als Vorläuferreligionen und dem Vorwurf der Verfälschung der Offenbarung durch götzendienerische Juden und Christen hin und her. Wie sehr Muhammad trotz aller Gerichtsworte bemüht war, sich Juden und Christen als ihr Prophet zu zeigen, wird an vielen Stellen deutlich. Er sieht sich selbst als den die Offenbarung abschließenden Gesandten Gottes (Sure 33, 40). Das deutlichste Beispiel ist jedoch, daß Muhammad sich als der im Alten (5. Mose 18, 18) und Neuen Testament (Johannes 14, 16–17) angekündigte Lehrer sah (Sure 7, 157), obwohl sich erstere Stelle nach christlichem Glauben auf Jesus, die zweite auf den Heiligen Geist bezieht.[79]

Den Stoff gegen die christlichen Lehren hatte Muhammad möglicherweise aus der innerchristlichen Diskussion verschiedener Sekten entnommen, jedenfalls finden sich viele Erzählungen über Jesus oder gegen seine Göttlichkeit in den sogenannten apokryphen Evangelien wieder (z. B. Jakobusevangelium in Sure 3, 35–37; Barnabasevangelium an zahlreichen Stellen).[80]

Die 5 Säulen des Islam
Insgesamt bildeten sich in dieser Zeit auch die 5 Säulen des Islam heraus:

1. Salat = Gebet; zuerst 2mal, dann 5mal am Tag (das festgelegte, mehrmalige Gebet hatte Muhammad bei den «christlichen» Mönchen und ihren Vigilien [Nachtwachen] kennengelernt).
2. Schahada = Bekenntnis; mit dem Aussprechen dieses Bekenntnisses vor Zeugen wird man Muslim, auch wenn man das Bekenntnis nur zum Spaß ausspricht.
3. Ramadan = Fasten; im Monat Ramadan.
4. Zakat = Almosen; eine Art Armensteuer.
5. Hadsch = Wallfahrt; sollte wenigstens einmal im Leben von mindestens einem Vertreter der Familie nach Mekka ausgeführt werden.
(6. Dschihad = Heiliger Krieg; wird oft hinzugefügt.)

Der Beginn der Heiligen Kriege

Die Begründung
Der neue Zusammenhalt der Anhänger Muhammads durch den Islam brachte den Bruch mit der überlieferten Blutsverwandtschaft, weil der Glaube nun über den Familienbindungen stand. Schon die ausgewanderten Mekkaner hatten ja ihre Angehörigen als Andersgläubige zurückgelassen. Diese Aufgabe der Blutsverwandtschaft als dem Fundament des arabischen Stammeswesens war für Muhammad ein nicht leicht überwindbares Hindernis. Auch die späteren Kämpfe gegen Andersgläubige bedeuteten zunächst meist Blutvergießen innerhalb des eigenen Stammes. So versprach Muhammad für den Fall des Todes in einem solchen Heiligen Krieg (Schihad) den direkten Eingang in das Paradies.[81] Zugleich wurde er als Notwehr hingestellt (Sure 2, 191–195).

Erste Kämpfe gegen Mekka
Dies wurde besonders wichtig, als Muhammad mehr und mehr seine Anhänger zum Kampf gegen die Mekkaner bewegen wollte, da das dortige Heiligtum nur den Recht-

gläubigen zustände. Erst später wurde der Heilige Krieg für alle Gläubigen verpflichtend und war entscheidend für die Ausbreitung des Islams als Weltreligion.[82]

Da die Mekkaner nach der Auswanderung (der Hidschra) keinerlei Anstalten machten, ihrerseits den Kampf mit Medina aufzunehmen, weil sie am regelmäßigen Ablauf ihres Handels mehr als an religiösen Fragen interessiert waren, befahl Muhammad seinen Kriegern die mekkanischen Karawanen auszurauben. Dies war um so mehr nötig, als man nicht beliebig lange von der Gastfreundschaft der eigentlichen Bewohner Medinas leben konnte und viele ehemalige Mekkaner in Medina sehr ärmlich lebten. So war ihnen die Wiederaufnahme der arabischen Razzien im religiösen Gewand nur recht.

Bruch der Friedenszeit

Der erste dieser Überfälle erfolgte in der festgelegten heiligen Friedenszeit der arabischen Stämme. Da niemand mit einem solchen Frevel rechnete, waren die Krieger Muhammads natürlich überlegen, machten aber keine Beute. Dennoch verhielten sich die Mekkaner weiterhin friedlich. Muhammad fuhr aber fort, Karawanen in den heiligen Friedensmonaten zu überfallen. Dabei schloß er mit den Beduinenstämmen, die an dem Weg nach Mekka beheimatet waren, Frieden. Er wollte damit auf der einen Seite Rückendeckung für seine Überfälle haben, auf der anderen Seite den Mekkanern mögliche Verbündete nehmen. Nach mehreren Überfällen gelang es schließlich den Medinensern durch Betrug und Täuschung eine Razzia mit reicher Beute zu beenden. Nach Medina zurückgekehrt, empörten sich aber die Städter gegen diese Handlungsweise, worauf Muhammad sie schnell für ein Mißverständnis erklären mußte. Der Zorn über den Bruch des Friedens in den heiligen Monaten legte sich jedoch bald wieder. Außerdem empfing Muhammad nachträglich eine Offenbarung, die direkt zum Krieg in den heiligen Monaten als Notwehr gegen den Unglauben aufforderte (Sure 2, 216–218).

Wie Muhammad gehofft hatte, stachelte dieser erste wirkliche Erfolg seine Anhänger zu weiteren Raubzügen an, nachdem sie bisher immer etwas skeptisch gewesen waren. Vor allem die Aussicht auf Beute verlieh der Kampfeslust der Muslimen neuen Auftrieb. Daher nahmen am nächsten Überfall schon weit mehr Medinenser teil, wobei sich auch solche darunter befanden, die Muhammad noch nicht völlig als den Gesandten Gottes anerkannten. Die nächste Karawane, die reiche Beute versprach, sollte wieder im Monat Ramadan, der in der heiligen Friedenszeit lag, überrumpelt werden. Neben 231 Medinensern standen nur 83 ehemalige Mekkaner zum Kampf bereit. Auch das inzwischen für Muslime verbindliche Fasten im Ramadan wurde für die Zeit des Kriegszuges für nicht verbindlich erklärt.

Die Mekkaner unterliegen
Als die Mekkaner vom geplanten Überfall hörten, wurden sie sehr zornig und schickten Muhammads Kriegern ein Heer von 950 Mann entgegen. Bei Badr stießen die Truppen aufeinander. Sure 8, 44 erklärte dieses Zusammentreffen als Gottes Fügung und Gottesentscheid. Muhammad stachelte seine Kämpfer mit der Aussicht auf das Paradies an, bedrohte die Kampfesunwilligen mit der Hölle und verfluchte seine Feinde. Dies Verfluchen war anschließend angeblich der ausschlaggebende Faktor für die siegreiche Schlacht bei Badr. Wahrscheinlich hatte Muhammad alle Brunnen, außer dem von seinen Truppen benutzten, zuschütten lassen, was in der Wüste einen ungeheuren Vorteil brachte. Nach dem Sieg kehrte der Prophet im Triumphzug nach Medina zurück, und die Medinenser empfingen das Heer mit lautem Jubel. Die Beute wurde, wie später immer, unter die Kämpfer verteilt, wobei ein Fünftel Muhammad für sich, seine Ange-

hörigen und Arme zur Verfügung gestellt wurde. Vier Fünftel fielen den Kämpfenden zu. Für Muhammad war dieser Sieg ein Wunder und eine klare Bestätigung durch seinen Gott (Sure 8, 17). Seine Anhänger hatten dadurch Gottes Eingreifen zum ersten Mal so direkt erlebt und faßten so neues Gottvertrauen, obwohl dadurch die Ehre nicht mehr ihnen, sondern Gott galt (Sure 8, 66f.).

Die Schlacht bei Badr hatte insofern weitreichende Folgen für die Ausbreitung des Islams überhaupt, daß die meisten Medinenser ihre Zweifel an Muhammad verloren. Auch die in der Nähe ansässigen Beduinen begannen Muhammad als Sieger höher zu achten. Dadurch verloren die Mekkaner an Einfluß.

Die Islamisierung Medinas

Da Muhammads Position in Medina durch den Sieg entscheidend gestärkt worden war, wandte er sich nun der Festigung seiner Macht in der Stadt selbst zu. Zunächst ließ er dazu durch seine getreusten Anhänger Meuchelmorde an Spöttern und politischen Gegnern verüben.

Beseitigung des ersten jüdischen Stammes

Auch das gespannte Verhältnis zu den drei jüdischen Stämmen konnte nun im Laufe der Zeit trotz deren mächtigen Stellung in der Stadt gelöst werden. Zuerst belagerte er 624 n. Chr. den Stamm der Banu Qainuqa in ihrem Stadtviertel. Der Grund war ihre Weigerung, den islamischen Glauben anzunehmen, die in ihren ständigen Spötteleien über den Propheten zum Ausdruck kamen. Als direkte List diente der Verdacht eines geplanten Verrats an Muhammad (Sure 8, 58). Die belagerten Juden mußten ins Ostjordanland nach Adharat auswandern und ihren Besitz Muhammad überlassen. Vorerst ließ er die anderen beiden jüdischen Stämme jedoch in Ruhe.

Wieder Krieg mit Mekka

Statt dessen überfiel er wieder Karawanen in der Wüste. Die Mekkaner, die die Geduld verloren, als sie merkten, daß eine friedliche Einigung mit Muhammad nicht möglich sein würde, beschlossen einen Kriegszug gegen Medina durchzuführen, der gleichzeitig die Rache für die Niederlage bei Badr sein sollte. Wie üblich brachten sie dabei tanzende Frauen und Spiele zur Unterhaltung und zur Anfeuerung mit. Da die Mekkaner darüber hinaus wenig Übung im Kämpfen hatten, war es kein Wunder, daß die Partei Muhammads bei der Schlacht von Uhud trotz zahlenmäßiger Unterlegenheit (3000 Mekkaner gegen 700 Medinenser) unerwartet siegte.

Die strenge Disziplin, der absolute Gehorsam und die blinde Entschlossenheit, die sicher zum Sieg beitrugen, kamen nur ins Wanken, als die Medinenser unvorsichtig früh mit der Plünderung begannen. Die Mekkaner nützten jedoch diese einmalige Gelegenheit nicht aus, sondern begnügten sich mit der Schändung von Leichen als Ehrwiederherstellung. So verspielten sie die Möglichkeit zum Sieg, weil sie mehr auf das alte Ideal der Ehrerhaltung achteten, als auf tatsächliche Eroberung auszugehen, wie Muhammad es tat. Das alte und das neue Arabien prallten hier aufeinander.

Insgesamt war die Schlacht bei Uhud für die Medinenser aber eine recht schmähliche Niederlage. Muhammad erklärte sie jedoch mit der Widerspenstigkeit der Kämpfer und damit, daß Gott sie prüfen wolle (Sure 3, 146). Trotz dieser Erklärung verlor Muhammad in Medina einiges an Ansehen. Da sich Muhammad zunächst nicht direkt an den Mekkanern rächen konnte, ließ er einzelne Mekkaner durch bestellte Meuchelmörder beseitigen.

Die Beseitigung des zweiten jüdischen Stammes

625 n. Chr. erfuhr er in einer Offenbarung, daß der jüdische Stamm Banu al-nadir einen Anschlag auf ihn vorge-

habt hätte. So belagerte Muhammad den Stamm. Dabei ließ er unter anderem etliche Palmen fällen. Dies war normalerweise in allen kriegerischen Auseinandersetzungen verboten, da die Palmen sehr wertvoll waren und erst nach Jahrzehnten wirtschaftlich lohnend wurden. Dieser Frevel rief allgemeine Mißstimmung hervor, doch Muhammad konnte schnell durch eine neue Offenbarung beweisen, daß Gott das Fällen der Palmen gewollt hatte (Sure 59, 5). So konnte er die Belagerung fortsetzen und den zweiten jüdischen Stamm vertreiben. Die Banu al-nadir zogen in die Oase Chaibar und nach Syrien. Auch diese Vertreibung wurde in der selben Offenbarung genehmigt (Sure 59, 2f.).

Der Grabenkrieg

Die Vertreibung des zweiten jüdischen Stammes gab Muhammad wieder neuen Auftrieb. Dies war um so wichtiger, als kurz darauf die Mekkaner wiederum heranzogen, um Medina endgültig zu schlagen (eine Quelle spricht von unwahrscheinlichen 10000 Mann). Medina schützte sich durch einen großen Graben rund um die Stadt, was dieser Auseinandersetzung den Namen «Grabenkrieg» einbrachte. Dieser Grabenkrieg endete mit dem Abzug der Mekkaner, die zum einen auf Gerüchte hereinfielen, zum anderen auch nichts von Belagerungstaktik verstanden (vergleiche Sure 33, 9ff., nach der ein Wind Gottes den «Grabenkrieg» beendete).

Die Beseitigung des dritten jüdischen Stammes

Nachdem Muhammad so recht einfach die Schlacht gewonnen hatte, konnte er sich 627 n. Chr. dem letzten jüdischen Stamm, Banu Quraiza, zuwenden. Die Belagerten ergaben sich nach der Erfahrung mit der Vertreibung der anderen beiden Stämme sehr schnell. Muhammad ließ sie aber nicht wie die beiden anderen Stämme fortziehen, sondern überließ den gläubigen Belagerern die Entscheidung, was mit den Juden geschehen solle, wobei er wohl wußte, was folgen würde. So wurden alle Männer umgebracht und Frauen und Kinder als Sklaven verteilt, sofern nicht einzelne Frauen als zusätzliche Ehefrauen anerkannt wurden. Auch Muhammad erhielt dabei natürlich eine Frau namens Raibana.

Die Umma

Nun gab es außer den noch nicht Übergetretenen, sogenannten «Heuchlern» keine Feinde Muhammads mehr in Medina. So verwirklichten sich endlich Muhammads Vorstellungen von der religiös und politisch geeinten Gemeinde (umma), die in sich geschlossen alle Ungläubigen als Feinde hatte. Dabei war er religiöser Führer, oberster Herrscher und Richter und militärischer Befehlshaber in einem.

Die Beduinen

So konnte sich Muhammad nun der Verfestigung seiner Macht unter den Beduinenstämmen in der weiteren Umgegend zuwenden, wobei er in den Jahren 627 und 628 n. Chr. hierbei besondere Erfolge hatte. Dazu trugen sicher auch seine zahlreichen Racheakte und politischen Morde bei. Es wurde gefährlich, Muhammads Gegner zu sein.

Die Einnahme Mekkas

Die versuchte Wallfahrt

628 n. Chr. forderte Muhammad seine Anhänger aufgrund einer Offenbarung zu einer Wallfahrt zur Kaaba in Mekka auf. Zunächst wollte Muhammad die Stadt überfallen, was ihm die Mißbilligung der Beduinenstämme einbrachte. Vor der Stadt angelangt, schlug er dann aber den Mekkanern einen zehnjährigen Friedensvertrag vor. Er besagte, daß Muhammad die Mekkaner nicht mehr überfallen würde und dafür ab dem nächsten Jahr Mu-

hammad und seine Anhänger ihre Wallfahrt zur Kaaba durchführen dürften.

Obwohl einige seiner Anhänger enttäuscht waren, daß sie nicht im selben Jahr zur Kaaba gelangen konnten, war dieser Vertrag doch ein geschicktes Vorgehen. Außerdem waren nun die Beduinen wieder zu gemeinsamen Aktionen bereit, da er in ihren Augen durch den Vertrag rehabilitiert war.

Mission in alle Welt

Die neue Ruhe nutzte Muhammad, um der ganzen ihm damals bekannten Welt den Übertritt zum Islam nahezulegen. So sandte er möglicherweise Briefe an den byzantinischen Kaiser, den persischen König, den äthiopischen Fürsten und den Gouverneur von Alexandria. Auch die Beduinen wurden im immer größeren Umkreis zum Übertritt aufgefordert. Ein Kriegszug gegen die Byzantiner in Jordanien (Muta) im September 629 n. Chr. scheiterte allerdings.

Der Beginn der Kopfsteuer

Die nach Chaibar ausgewanderten Juden vom Stamm al-Nadir wurden noch einmal belagert und wieder besiegt. Sie durften zwar ihr Land behalten, mußten aber jährlich die Hälfte aller ihrer Einkünfte an die islamische Gemeinde abführen. Ähnlich erging es den Juden von Fadak. Diese Steuer (dschizja) sollte sich später noch oft bewähren, um anzuzeigen, daß eine Gruppe sich dem «Schutz» des Propheten unterworfen hatte, ohne den islamischen Glauben anzunehmen. Diese Schutzbefohlenen nannte man dhimmis. Meist traten sie im Laufe der Zeit zum Islam über, um die hohe Steuer loszuwerden.

Die erste Wallfahrt

Als die Zeit für die im Vorjahr abgemachte friedliche Wallfahrt kam, zogen etwa 2000 Muslimen zur Kaaba nach Mekka. Muhammad änderte die Wallfahrtszeremonien leicht, um sie der Vorstellung des Monotheismus anzugleichen, behielt aber den weitaus größten Teil der heidnischen Bräuche bei, wie wir sie im Zusammenhang mit den Beduinenreligionen schon beschrieben haben. Anschließend zogen die Medinenser zurück in ihre Heimatstadt.

In der folgenden Zeit konzentrierte sich Muhammad auf die Hinzugewinnung der Beduinenstämme, vor allem durch andauernde Überfälle, die die Beduinen völlig verunsicherten. Nach und nach trat ein Stamm nach dem anderen zum Islam über, meist, weil sie die wachsende Macht Muhammads richtig einschätzten.

Die Eroberung Mekkas

Dennoch blieb die Eroberung Mekkas weiterhin Muhammads Hauptziel. Trotz des vertraglichen Friedens hatte der Prophet von Anfang an offensichtlich nicht die Absicht, damit zehn Jahre zu warten. Ein geringer Anlaß diente ihm deshalb dazu, einen Kriegszug gegen Mekka in Bewegung zu setzen, zu dem er 10000 Muslime vereinte. Dies geschah im Jahr 630 n. Chr. Die ahnungslosen Mekkaner vermuteten zunächst nichts Böses und waren, als die Truppen vor der Stadt anlangten, wie gelähmt. Die meisten Einwohner ergaben sich kampflos, zumal Muhammad von vorneherein allen Sicherheit angeboten hatte, wenn sie nicht gegen ihn kämpfen würden. Die wenigen Widerstandleistenden wichen bald dem Druck der Übermacht, wobei nur einige getötet wurden. So konnte Muhammad Anfang 630 n. Chr. fast widerstandslos als Herrscher in seine Vaterstadt einziehen. Damit war das langerstrebte Ziel erreicht, die Kaaba zum Zentrum des neuen islamischen Machtbereichs zu machen. So vernichtete Muhammad alle Götzenbilder und vollführte die religiösen Zeremonien. Die Mekkaner, die Muhammad einst so schmählich abgewiesen hatten, erkannten nun doch

Muhammad als den Gesandten des einen Gottes an, zumal sie am äußeren Vollzug der Zeremonie um die Kaaba nicht viel zu ändern brauchten und dazu einen neuen wirtschaftlichen Aufschwung zu erwarten hatten. Die erstaunliche Milde Muhammads gegen die Besiegten tat dabei ein übriges.

Muhammads letzte Zeit in Mekka

Die Beduinen

Nach der Eroberung Mekkas, die als Demonstration für den Monotheismus von entscheidender Bedeutung für die Ausbreitung des Islams war, brachte Muhammad die Beduinenstämme in der Umgebung unter seine Herrschaft. Sie waren nämlich dem Riesenheer von 12000 Mann hoffnungslos unterlegen. Wieder behandelte Muhammad die besiegten Feinde äußerst großmütig und schenkte ihnen sogar einen Teil der Beute wieder. Auch diese Taktik bewährte sich in der islamischen Geschichte noch häufig. Die ausgesprochene Milde den Unterworfenen gegenüber brachte zudem mehrere Stämme dazu, sich lieber von vornherein ohne Kampf zu ergeben und Muhammad als ihren Herrn anzuerkennen.

Der Süden Arabiens

Inzwischen hatte sich Muhammads Macht in Innerarabien so stark gefestigt, daß er an die Eroberung Nord-und Südarabiens denken konnte.[83] In Südarabien war gerade erst zwei Jahre vorher die persische Herrschaft untergegangen, so daß sich die dortigen Stammesfürsten fast widerstandslos dem Islam anschlossen.

Der äthiopische Vasallenstaat, der ebenfalls die politische Führung verloren hatte, war schon vor der Eroberung Mekkas zum islamischen Machtbereich hinzugekommen. Die hier ansässigen Juden und Christen konnten wieder zwischen dem Übertritt zum Islam und der Zahlung der Kopfsteuer (dschizja) wählen.

Der Norden Arabiens

So verblieb als letzte Aufgabe auf der arabischen Halbinsel, die byzantinischen Fürsten zu vertreiben und damit die Christen in Nordarabien schutzlos zu machen. Doch schon bald kehrte Muhammad um, einmal wohl, weil er die Undurchführbarkeit seines Unternehmens erkannte, zum anderen, weil die Truppen die große Hitze in der Wüste nicht ertragen konnten. Er kam gerade rechtzeitig, um eine Bewegung gegen ihn in Medina mit Predigten zu bekämpfen. Diese Krise der islamischen Gemeinde, die leicht eine ernstzunehmende Gefahr für sie geworden wäre, erlosch jedoch schnell wieder, als der Hauptanführer der «Heuchler» plötzlich starb. Damit waren jedoch die byzantinischen Gebiete nicht verloren. Die christlichen Einwohner, die meist einheimischen Kirchen angehörten, hatten oft stark unter den Verfolgungen der byzantinischen Staatskirche zu leiden. Aus diesem Grund unterstellten sie sich lieber dem Schutz Muhammads und zahlten die Kopfsteuer, als weiter unter byzantinischer Herrschaft zu bleiben. Ja, der Islam erschien ihnen als Befreiung. So mußte Muhammad die Einwohner hier nur selten durch Kämpfe zur Zahlung der Kopfsteuer zwingen.

Das Lebensende

So erlebte es Muhammad noch zu seinen Lebzeiten, daß praktisch die gesamte arabische Halbinsel zum islamischen Machtbereich gehörte.

Eine besondere Genugtuung bedeutete für ihn die Wallfahrt im Jahre 632 n. Chr., weil an ihr erstmalig nur wahre Gläubige teilnahmen. Diese Wallfahrt sollte als «Abschiedswallfahrt» in die islamische Geschichte eingehen. Muhammad wurde nämlich kurz darauf mitten in seinen Überlegungen zu einem neuen Feldzug ins Ostjordanland krank. Fieber, Kopfschmerzen und Phantasie quälten ihn. Er setzte Abu Bakr noch als Vorbeter ein und starb recht plötzlich im Jahr 632 n. Chr.

Kapitel 3

Muhammads Erbe

Die Einigung der arabischen Welt

Das Ergebnis des Wirken Muhammads war neben der Ausbreitung des Islams zweifellos die Einigung der arabischen Welt. Die vorher zersplitterten und zerstrittenen Stämme fanden in der Verbreitung des Islams ein gemeinsames Ziel. Dadurch entstand erstmals ein Zusammengehörigkeitsgefühl. Die ständigen Fehden und Akte der Blutrache untereinander wurden erheblich eingeschränkt. Die Gemeinde der wahrhaft Gläubigen (umma) war nun oberste Instanz. Durch ihre Gesetze kam einige gemeinsame Disziplin in die arabischen Stämme, was ihnen bei ihrer Freiheitsliebe nicht immer sehr leicht fiel.

Das arabische Leben vor Muhammad war ja so unsicher gewesen, daß die großen Stammesideale mehr und mehr zusammenbrachen. Muhammad brachte wieder Sicherheit zurück. Bisher war die Blutsverwandtschaft der entscheidende Zusammenhalt gewesen. Alles wurde von hier aus entschieden. Nun trat der Gottesdienst für den einen Gott, das Gebet und das Glaubensbekenntnis an seine Stelle.

Durch den neuen Frieden und die entstehende islamische Literatur wurden die arabischen Stämme befähigt, eine Kulturleistung nach der anderen zu vollbringen, so daß sie bald in vielem bis weit ins Mittelalter hinein an Wissen und Entdeckungen der restlichen Welt weit voraus waren. Daß dabei Politik, Religion und Wissenschaft zu einer untrennbaren Einheit verschmolzen, ist bis heute so geblieben.

Streit um die Nachfolge

Die erfolgreiche Herrschaft des Islams gründet sich vor allem auf die Verbindung von religiöser und weltlicher, d. h. politischer Macht. Diese Verflechtung findet sich schon bei Muhammad selbst, der zum einen religiöser Führer der Gemeinde, zum anderen alleiniger politischer Staatsführer war.

Als Muhammad unerwartet starb, waren für seine Nachfolge keinerlei Regelungen getroffen worden, was schnell zu Durcheinander und Unordnung führte.

Abu Bakr

Kurz nach Muhammads Tod 632 n. Chr. wurde durch Wahl *Abu Bakr,* einer von Muhammads engsten Vertrauten, der von Muhammad noch selbst als Vorbeter in der Freitagsmoschee eingesetzt worden war, zum Nachfolger des Propheten bestimmt. Man nennt ihn den ersten der vier rechtgeleiteten Kalifen. Seine Aufgabe war die Fortführung von Muhammads Lebenswerk im Sinne des Propheten. Den sofort ausbrechenden Aufstand als Kampf für die Freiheit der Beduinen (ridda) schlug Abu Bakr erfolgreich nieder. Er regierte von 632 bis 634.

Umar

Sein Nachfolger wurde noch *634 n. Chr. Umar* (der zweite rechtgeleitete Kalif), der ebenfalls durch Wahl eingesetzt wurde. Unter seiner Regierung dehnte sich das islamische Reich enorm aus, da er 638 Jerusalem eroberte und die Umarmoschee baute, die noch heute dort steht. Außerdem konnte er die byzantinischen Provinzen Syrien, Palästina, Ägypten und Mesopotamien von den Persern für das islamische Weltreich zurückerobern. Er verfestigte entscheidend die islamischen Gebiete zu einem Staatsgefüge. Schon jetzt war wohl die Fortentwicklung zu einer Weltreligion abzusehen. Offenbleiben muß dabei, ob das schon das anfängliche Ziel Muhammads selbst war. Er hatte ja den Kampf gegen die Ungläubigen befohlen, bis sie die Oberherrschaft des Islams anerkennen und die Kopfsteuer bezahlen.

Oft war man sogar gar nicht an der Bekehrung der Massen interessiert, weil dann die einträgliche Kopfsteuer entfiel.

Eroberung «christlicher» Gebiete

Die Ausbreitung des Islams in den Gebieten der «christlichen» Staatskirche konnte sich wohl deshalb so ungehindert fortsetzen, da die unter der byzantinischen Herrschaft stehenden Völker den Islam als eine Befreiung von Knechtschaft empfanden.

Vor allem die oft gehandhabte Praxis der freien Religionsausübung bei Zahlung der Steuer erschien den Betreffenden nach dem drückenden Joch und den Verfolgungen der byzantinischen Staatskirche wie eine Erlösung.

Die christlichen Sekten hatten ohne rechtes biblisches Fundament auch kein wirkliches Rückgrat. So konnte von seiten der «Christen» dem Islam nichts entgegengesetzt werden. Die ungeheure Zerstrittenheit unter den «Christen» tat sicher ein übriges hinzu.

Schon 633 n. Chr. war die ganze arabische Halbinsel vom Islam endgültig erobert worden.

Uthman

Als 644 Umar ermordet wurde, kam *Uthman* von den Umajjaden als dritter rechtgeleiteter Kalif an die Macht. Wie man annimmt, wurde unter seiner Leitung der Koran in seiner uns heute vorliegenden Form zusammengestellt. Zwölf Jahre später, im Jahre 656, wurde Uthman jedoch ebenfalls ermordet.

Der Islam spaltet sich

Ali

Uthmans Nachfolger wurde 656 Ali, als vierter rechtgeleiteter Kalif, der Vetter, Schwiegersohn und Adoptivsohn
Muhammads. Um dessen Nachfolgeanspruch gab es jedoch sofort Streit. Sein Gegenspieler war der umajjadi-
sche Statthalter von Syrien, Muawijja. So entstand die erste echte Spaltung in der Gemeinde des Islams. Es gab die
Partei Alis (Schiat Ali), die Muawijjas und eine dritte, die
weder Ali noch Muawijja als rechtmäßigen Kalifen anerkennen wollte. Sie trennten sich von Ali, da sie der Meinung waren, daß nicht ein Mitglied der Prophetenfamilie
zur Nachfolge berechtigt sei, sondern nur der Würdigste
der muslimischen Gemeinde. (Man nennt sie Charidschi-
ten), d. h. «Die Ausziehenden», da sie sich von Ali ge-
trennt hatten. Die Partei Alis (die Aliden) vertraten die
Ansicht, daß nur ein direkter Verwandter des Propheten
die Nachfolge antreten dürfe.

Muawijja

Muawijja ließ sich in Jerusalem kurzerhand als Kalif aus-
rufen. Angeblich wollte er den Mord an Uthman, der ja
wie er auch ein Umajjade gewesen war, rächen. Die
Umajjaden-Dynastie konnte sich von 660 bis 750 bzw.
749 an der Macht halten. Die meisten Gläubigen akzep-
tierten Muawijja als Vertreter der Umajjaden als rechtmäßigen Nachfolger Muhammads, bzw. forderten einen
Nachfolger aus dem Stamm der Quraisch. Muawijja erklärte noch zu seinen Lebzeiten seinen Sohn Jezid als
Nachfolger.

Die Schia

Die Anhänger des ermordeten Ali dagegen vertraten die
Ansicht, daß der neue Gemeindeleiter, jetzt, nach den
vier rechtgeleiteten Kalifen, die noch von allen anerkannt

worden waren, Imam genannt, unbedingt aus der Familie des Propheten stammen müsse. Nach Alis Tod hätte die Nachfolge also auf die Söhne Alis mit seiner Frau Fatima, der Tochter des Propheten, übergehen müssen. Die beiden in Frage kommenden Söhne Alis waren al-Husein und al-Hasan.

Al-Hasan verzichtete gegen Geld auf seine Nachfolgeansprüche, während al-Husein 680 starb, als es um die Nachfolge eine kämpferische Auseinandersetzung gab. Die Anhänger des Ali nennt man die Schiat Ali (Partei Alis), die heutigen Schiiten. Unter den Schiiten ergaben sich bald weitere Spaltungen, so z. B. in die Siebener- und Zwölfer-Schiiten. In Persien wurde die schiitische Religion im 16. Jahrhundert Staatsreligion und ist es dort bis heute auch geblieben. Im übrigen sind die Schiiten heute eine Minderheit gegenüber der Mehrheit der Sunniten. («Leute der Überlieferung und Gemeinschaft.») «Sunna» hat dieselbe Bedeutung wie «hadith». Die Sunniten blieben dagegen durch die Geschichte hindurch relativ einheitlich.

Eine weitere Unterscheidung zwischen Sunniten und Schiiten besteht darin, daß die Sunniten Koran und Sunna (arabisch «Gewohnheit, Brauch») des Propheten und seiner Gefährten gleichwertig anerkennen. Der Imam, der seine Weisheit jeweils auf seinen Nachfolger vererbt, wird von den meisten Schiiten als Schriftlehrer und Gesetzeslehrer anerkannt.

Die Abbasiden

Muawijja hatte also der Umajjaden-Dynastie die Erbnachfolge gesichert. Die Hauptstadt wurde nach Damaskus verlegt.

Als aber 749 der letzte Kalif der Umajjaden-Dynastie ermordet wurde, folgten durch die Nachkommen von Muhammads Onkel Abul Abbas die Abbasiden-Dynastie. Die Abbasiden machten Bagdad zur Hauptstadt. Ein

Umajjade war jedoch nach Spanien geflüchtet und beanspruchte in Cordoba das Kalifat von 756 an. Seine Nachfolger regierten dort bis 1031.

Die Abbasiden-Dynastie herrschte von 750–1258.

Ein weiteres Kalifat beanspruchten die Fatimiden in Kairo von 970–1171.

Die Ausbreitung des Islams

Bei der Ausbreitung des Islams möchten wir weitgehend auf die Karten hinweisen. Sie machen deutlich, daß die Ausbreitung des Islams über Jahrhunderte nicht zum Stillstand kam. Eigentlich waren nur die «christlichen» Staaten im Westen ein wirkliches Hindernis. Dabei eroberte der Islam praktisch alle Staaten Nordafrikas, große Teile Zentral- und Südasiens und gelangte über Indien sogar auf die zahlreichen Inseln des heutigen Indonesiens. Das Ziel, religiöse und politische Herrschaft zu vereinen, führte in fast allen Teilen der Welt dazu, daß der Islam entweder offizielle Staatsreligion wurde, die mehr oder weniger direkt das ganze Land bestimmte, oder eine Religion der Minderheit, die nur durch Unterstützung von außen existieren konnte. Mit dem Zerfall des Osmanischen Reiches verlor der Islam allerdings seine weltmachtpolitische Stellung, da es nur noch zahlreiche kleinere zerrüttete Staaten gab, die keine gemeinsame Politik mehr verfolgten. In der Folge kamen deshalb viele von ihnen unter koloniale Herrschaft.

Der Kampf mit dem christlichen Abendland

Spanien
Bei der Ausdehnung des Islams trafen die islamischen Herrscher eigentlich nur in Europa auf Länder, in denen

ebenfalls Religion und Politik eine Einheit darstellten. So wurde auf beiden Seiten der Glaubenskrieg ausgerufen. 711 n. Chr. überquerten die Muslime die Straße von Gibraltar und schlugen das Heer des Westgotenkönigs Roderich. Zug um Zug konnten sie ganz Spanien in Besitz nehmen. Erst 732 konnte Karl Martell das Vordringen der Araber nach Frankreich stoppen, indem er in der riesigen Schlacht von Tours und Poitiers den Sieg davontrug. Ein Eroberungsversuch seines Nachfolgers Karl des Großen Ende des 8. Jahrhunderts scheiterte jedoch kläglich. So herrschten die Umajjaden von Cordoba aus in ganz Spanien von 756–1031. Ihre Nachfolger verloren zwar einige Gebiete, aber erst im Jahre 1492 ging die muslimische Herrschaft im europäischen Spanien durch den Fall von Granada zu Ende. Die gewaltsame Christianisierung (rekonquista = Rückeroberung) ist bis heute bei den Muslims als ein Beispiel europäischer Religionspolitik nicht vergessen.

Die Kreuzzüge

Auch auf der anderen Seite rückten die Muslims vom Bosporus aus vor, so daß sie Europa in die Zange nahmen. Schon früh fiel das byzantinische Reich zum Teil an den Islam.

Im Jahre 1095 rief Papst Urban II. zum heiligen Krieg gegen die Muslims, um die heiligen Stätten in Palästina für die Christenheit zurückzuerobern. Der erste dieser sogenannten Kreuzzüge endete im Jahre 1099 mit der Eroberung von Jerusalem. Bis zum Ende des letzten Kreuzzugs zogen immer neue Kreuzfahrerheere in die muslimische Welt. Sie konnten allerdings nur einzelne Städte unter ihre Herrschaft bringen. Dabei kämpften sie oft zusammen mit Muslims gegen die christlichen Byzantiner oder auch umgekehrt ein muslimischer Fürst mit ihnen gegen einen anderen muslimischen Fürsten. Obwohl die Kreuzzüge die islamische Welt als solche nie in Gefahr brachten, blieben sie mit ihrer Brutalität bis heute bestimmend für die islamische Sicht des europäischen Christentums.[84]

Die Osmanen aus der Türkei

Mit dem Zerfall des byzantinischen Reiches, der ebenfalls durch die Kreuzfahrerheere bedingt war, konnten die Osmanen immer größere Teile der heutigen Türkei einnehmen. Doch erst 1357 setzten die Osmanen bei Gallipoli nach Europa über. Der Osmanensultan Mehmed II., der Eroberer, brachte 1453 Konstantinopel zu Fall. Die berühmte Kirche Hagia Sophia wurde demonstrativ in eine der wichtigsten Moscheen verwandelt.

Nun war der Weg über den Bosporus nach Europa frei. Zweimal gelangten die muslimischen Eroberer dabei bis nach Wien. Die Schlacht um Wien der vereinigten abendländischen Truppen gegen die Osmanen 1529 fesselte dabei die militärischen Kräfte, so daß die kirchliche Reformation unter Luther überhaupt erst möglich wurde. Allerdings war auch die neu entstehende protestantische Staatskirche zusammen mit Papst und Kaiser mit dem Kampf gegen den Islam einverstanden. Durch den Sieg der «christlichen» Truppen wurde der Ansturm der Osmanen gestoppt.

Noch einmal, im Jahr 1683, erschienen die «Türken vor Wien». Obwohl sie zahlenmäßig und militärisch überlegen waren, wurde die gewaltige Schlacht beendet, ohne daß Wien erobert war.

Zerfall

Der langsame Zerfall des Osmanenreiches führte dann zum allmählichen Rückzug des Islams aus Europa. 1798 konnte Napoleon bei seinen Eroberungen bis nach Ägypten vordringen. In der Folgezeit gerieten dann die meisten islamischen Staaten unter die Kolonialherrschaft nichtislamischer Länder. Der Islam schien als Weltmacht ans Ende gekommen zu sein.

Das Neuerwachen der islamischen Welt[85]

Erst nach dem Zweiten Weltkrieg wurde der Islam für viele europäische Staaten ein ernstzunehmender Machtfaktor. Arabische Nationalbewegungen erkämpften den islamischen Ländern nach und nach Freiheit und Autonomie. Neben den weiter bestehenden Rivalitäten fanden sich neue Gemeinsamkeiten. Zum einen ging es um das Abschütteln des kolonialen Joches der «Ungläubigen» als wichtiges Ziel. Zum anderen war die Beseitigung des 1948 neu entstandenen Staates Israel eine gemeinsame vordringliche Aufgabe. Darüber hinaus erwachte auch der Neid darüber, daß europäische und amerikanische Ölgesellschaften ungeheure Gewinne mit dem in immer größeren Mengen entdeckten Öl machten. Nachdem ein Staat nach dem anderen seine Freiheit zurückerobert hatte, wurden diese nun selbst verwalteten Ölmilliarden als Geschenk Allahs an die Muslims angesehen, um ihre Religion erneut in aller Welt zu verbreiten. Während man in einigen Ländern dabei weiterhin zum heiligen Krieg aufrief, wurde nun erstmalig im großen Stil das Vorbild der christlichen Missionstätigkeit aufgegriffen, wobei vor allem evangelikale Einrichtungen nachgeahmt wurden.

Heute ist der Islam neben Katholizismus und Kommunismus die führende Weltanschauung der Menschheit.

Der Koran

Die Sammlung des Koran
Muhammad hatte seine Offenbarung verschiedenen Leuten jeweils anschließend diktiert (da er nach islamischer Vorstellung selbst nicht schreiben konnte). Dabei bediente er sich besonders gerne seines Adoptivsohnes Zaid. Die Abschnitte, die zum Teil heutigen Suren, also Kapiteln des Korans entsprechen, zum Teil auch nur Teile von ih-

nen bilden, wurden dabei auf Pergament, Palmenblätter, Holz, Schulterknochen oder Leder geschrieben. Schon zu Muhammads Lebzeiten wurden diese Offenbarungen oft vor der versammelten Umma verlesen, so daß sicher viele die Texte auch auswendig lernten. Bevor Muhammad starb, gab es mehrere Abschriften des Korans. Erst der dritte rechtgeleitete Kalif Uthman sammelte alle Versionen und überprüfte die Berechtigung der einzelnen Abschnitte. Die von ihm um 650 n. Chr. zusammengestellte Koranausgabe wurde für alle verbindlich. Wie wir schon bei den Quellen zum Leben Muhammads sahen, gab es von Anfang an allerdings auch zahllose weitere Überlieferungen, die in die Hadith-Sammlungen übernommen wurden und ebenfalls göttlichen Charakter haben. Die im Laufe der Zeit neben dem Koran zusammengetragene oder neuentstehende islamische Literatur mit verbindlichem Anspruch hat ihre Parallele höchstens noch im Judentum zur gleichen Zeit oder in Glaubensurkunden der römisch-katholischen Kirche.

Der Inhalt

Im Koran wurden die 114 Suren der Länge nach geordnet, so daß Sure 2 286 Verse hat, wobei viele Verse aus mehreren Sätzen bestehen, während Sure 114 nur 6 sehr kurze Verse hat. Die Reihenfolge ist dabei allerdings nicht sehr streng, und die kurze Sure 1, al-Fatiha, die Eröffnende, steht als einer der wichtigsten Lobpreise Gottes zu Beginn der meisten Gebete und auch des Korans. Insgesamt hat der Koran dabei eine Länge, die der des Neuen Testaments der Christen entspricht.

Für Muhammad und bei den Muslimen gilt der Koran als die Abschrift eines Buches, das sich bei Gott befindet. Der Text soll ohne Beteiligung des menschlichen Verstandes zustande gekommen sein.[86] Er ist ein einziger Gnadenbeweis Gottes und enthält daher viele Danksagungen und Lobpreise an Gott. Er ist der Schöpfer, ist gütig zu den Menschen, spendet Regen (was in der Wüste besondere Bedeutung hat) und ist Lenker der Geschichte zugunsten der Rechtgläubigen. Alle Suren, bis auf Sure 9, beginnen daher mit der basmala, also der Anrufung Gottes.

Die Sprecher des Textes im Koran sind meist Gott selbst, der Engel Gabriel oder Muhammad. Sie zitieren allerdings auffallend oft die Aussagen Andersgläubiger oder Gegner und widerlegen sie.

Die Suren

Der Koran geht dabei von einer fortschreitenden Offenbarung an Muhammad aus. Viele frühen Aufforderungen werden später geändert, widerrufen oder als beendet erklärt. Dabei ist die wichtigste Unterscheidung der Suren darin zu finden, ob sie vor oder nach der Hidscha entstanden sind.[87] Die Suren der ersten, sogenannten mekkanischen Periode sind kürzer, pathetischer und poetischer gestaltet. Ihr Inhalt ist mehr das drohende Gericht des allmächtigen Schöpfergottes und das Anprangern des Götzendienstes. Die sogenannten medinensischen Suren sind meist länger, nicht mehr so poetisch und enthalten vor allem Anweisungen an die Gemeinde, Gesetzestexte und die Auseinandersetzung mit Juden und Christen.

Auslegung und Übersetzung

Die Auslegung des Korans ist für einen Außenstehenden kaum nachzuvollziehen. Da der arabische Text keine Vokale enthält (wenn man von drei Vokalkonsonanten absieht), ist er von vornherein verschieden interpretierbar. Dazu kommt, daß viele Einzelheiten unerklärt bleiben. Auch die «geheimen Buchstaben» von 29 Suren sind bis heute nicht befriedigend erklärt worden. Die zahllosen Auslegungsschulen verwirren ebenso, wie der ständige Vergleich mit der Hadith und anderen Schriften. Das vom Klang her einmalige und Millionen faszinierende Koranarabisch ist dabei sehr schwer zu übersetzen. Daher durfte der heilige Koran auch jahrhundertelang nicht übersetzt werden. Erst im Zuge des missionarischen und politischen Neuaufbruchs in unserem Jahrhundert wurde er von Muslimen selbst übersetzt und verbreitet, wobei man in den islamischen Ausgaben aber praktisch immer den arabischen Text parallelgestellt findet.

Die Verehrung Muhammads

Die offizielle Verehrung Muhammads findet hauptsächlich in den Legenden um sein Leben und seine Person Ausdruck. Auf diese Legenden sind wir schon weiter oben eingegangen.[88] Nach der Tradition tat Muhammad etliche Wunder. Muhammad selbst hat Wunder jedoch für seine Person immer abgelehnt, mit der Begründung, daß dann doch nicht mehr Menschen dem wahren Glauben folgen würden.

Bei der übermenschlichen Verehrung Muhammads, die hauptsächlich erst nach seinem Tod entstand, müssen wir jedoch berücksichtigen, daß sie nicht der Ausdruck der offiziellen Theologie ist, sondern zum größten Teil aus der Volksfrömmigkeit kommt. So wird nach Muhammads Tod zu ihm gebetet und man opfert ihm. Auch nach seinem Tod ist Muhammad der Herr seiner Gemeinde, er ist der Mittler zwischen Gott und Menschen, der bei Gott Fürsprache für die Gläubigen einlegt. Die Tradition beschreibt neben dem einwandfrei sittlichen Lebenswandel auch die Schönheit seiner Kleidung und seines Aussehens. Die «erhaltenen» Reliquien werden verehrt. Wie im römischen Katholizismus nimmt die Verehrung der Reliquien einen breiten Raum ein. So werden unter anderem der Prophetenmantel, seine Sandale und Steine mit seinen Fußabdrücken verehrt.

Die islamische Mystik[89]

Die Heiligenverehrungen haben eine wichtige Stellung im Islam eingenommen. Der Nährboden dafür ist auch hier wieder die Volksfrömmigkeit.

«Heilige» sind die Propheten des Alten Testaments und andere bedeutende Personen der arabischen Vorgeschichte. Die bedeutendsten Stätten der Juden, der islamischen Propheten und ihre Gräber werden verehrt. Die Verehrung äußert sich häufig in Tier- oder auch anderen Opfern. Meinhold spricht von «magischen Zügen» der Heiligenverehrung. Sie wird trotz des eigentlichen Grundsatzes des Monotheismus des Islams als Ausdruck der Volksfrömmigkeit akzeptiert. So wird der abstrakte Gottesglaube an einer Person, dem Heiligen, konkret. Diese Art der Verehrung findet sich sehr stark im sogenannten Sufismus.

Die Mystik tritt im Islam seit dem 8. Jahrhundert verstärkt auf. Der Begriff «Sufismus» leitet sich von arabisch «suf», d. h. «Wolle», her, was auf die Wollgewänder der Asketen anspielt. Im Sufismus soll der Sufi durch Askese, andächtiges Gebet und völlige Konzentration näher zu Gott gelangen, d. h. die Einheit mit Gott verspüren. Der Sufismus ist das Verlangen, Gott mehr als durch das Befolgen der Gesetze des Korans zu erfahren. Erst der große Mystiker al Ghazzali vereinte im 11./12. Jahrhundert die Mystik mit der orthodoxen Theologie. Der Sufismus erhielt vom «christlichen» Mönchtum entscheidende Anstöße und hat auch seinerseits zu allen Zeiten großen Einfluß auf gewisse Bereiche des «Christentums» gehabt.

Kapitel 4

Beurteilung Muhammads

Wie man sicher immer wieder bemerkt hat, ist es schwer, das Lebensbild eines Religionsstifters zu zeichnen, weil man unwillkürlich immer wieder dessen Religion selbst für richtig oder falsch hält. Ein «objektiver Standpunkt», wie ihn sich sicher manche Religions- und Islamwissenschaftler vorstellen, ist unseres Erachtens Selbstbetrug. Zudem wird man durch die Tatsache, daß die meisten Quellen vom Islam selbst überliefert sind, schon bei der Auswahl, welche historisch ernst zu nehmen sind, seine Prämissen miteinbringen.

5 Quellen Muhammads

Aus unserer Sicht hat Muhammad den islamischen Glauben aus fünf Quellen zusammengefaßt, die ihm zum Teil als Vorbild, zum Teil als Gegenüber dienten und ohne die der Islam und das Leben Muhammads nicht zu verstehen sind:
1. Die altarabischen Beduinenreligionen,
2. Die jüdischen (nur teilweise dem Alten Testament entsprechenden) Überlieferungen,
3. Die christlichen (nur teilweise der Bibel entsprechenden) Überlieferungen,
4. Seine okkulten Eingebungen,
5. Seine persönlchen Wünsche und Vergeltungsabsichten.

Biblische Anmerkungen

Als Christen, die wir an die Bibel als an das inspirierte

Wort Gottes glauben, und nach der Aufforderung des Neuen Testamentes, Jesus, den Sohn Gottes, um Vergebung der Sünden zu bitten und sich persönlich zum lebendigen Glauben zu bekehren, gekommen sind, beurteilen wir die Geschichte Muhammads natürlich sehr negativ!

1. Muhammad hat den wahren biblischen Glauben nie kennengelernt. Seine Lebensgeschichte ist ein einziger Vorwurf an die Christen und muß uns daher dazu bringen, unseren Glauben neu an der Bibel auszurichten. Ein staatliches Christentum jedenfalls konnte dem Islam nichts entgegensetzen.

2. Es gibt Zeiten in der Geschichte, in denen ein solches religiöses Vakuum entsteht, daß sich eigentlich jede passende Religion verbreiten kann. So war es bei der Christianisierung der Germanen, so war es bei der Islamisierung der Araber. Auch das Christentum zeigte dabei oft dieselbe synkretistische Tendenz, die Muhammad in dieser Situation an den Tag legte.

3. Indem Muhammad seinen Monotheismus nicht bis zu Ende durchhielt, sondern den Kaabakult übernahm, machte er seinen Erfolg erst möglich. Auch das erinnert uns an die Christianisierung der Germanen, wo viele Helden als Heilige übernommen wurden.

4. Der Islam ist von der Bibel her als Gegenbewegung der Nachkommen Ismaels gegen die Linie Isaaks zu sehen. Bis heute ist daher die Beseitigung vor allem der Juden aus dem Islam nicht fortzudenken.

5. Das Leben Muhammads zeigt, wie sehr Entstellung der Bibel, persönliche Wünsche und Eingebung Hand in Hand gehen können.

6. Weitere Beurteilungen finden sich im Anhang des Buches.

Anmerkungen

(Literatur wird zitiert, indem hinter dem Namen des Autors die Nummer des Titels im Literaturverzeichnis im Anhang genannt wird.)

1   Obwohl im Titel der in Deutschland geläufige Name «Mohammed» steht, werden wir im Text die genauere Entsprechung zum Arabischen «Muhammad» (Betonung auf der zweiten Silbe) gebrauchen, wie dies in wissenschaftlichen Werken schon lange üblich ist. Ganz genau genommen müßte die Transkription noch berücksichtigen, daß das h als stark gehauchtes h gesprochen wird, so daß ein Punkt darunter stehen müßte. Vgl. dazu z. B. Kreiser (43), Band 2, S. 189.

2   Zur geographischen Lage Arabiens vgl. Der Ploetz (86), S. 9–54.

3   Der Begriff «Araber» wurde ursprünglich von Assyrern, später von Griechen, Syrern und Römern für die Beduinen allein verwandt. Die Griechen meinen damit erstmals festgelegte Stämme, wovon diese allerdings nichts wußten. Erst im Islam benützen die Bewohner der arabischen Halbinsel diesen Namen selbst und meinen damit auch die Nichtbeduinen. Vgl. Kreiser (43), Band 1, S. 46.

4   Vgl. z. B. Paret (51), S. 26.

5   Razzia von arabisch ġazwa (g mit Punkt wird wie r gesprochen, und als gh geschrieben) und heißt Überfall, Angriff, Kriegszug. Vgl. Paret (51), S. 27. Bei der Umschrift des Arabischen ins Deutsche verwenden wir im Text die beste Annäherung an die

deutsche Aussprache, während wir in den Anmerkungen die wissenschaftliche, allgemein übliche Transkription verwenden, z. B. Kreiser (43), Band 1, S. 13.

6   105 n. Chr. eroberte der römische Kaiser Trajan das Nabatäerreich; 271 n. Chr. eroberte Kaiser Aurelian das Reich der Palmyrener unter Zenobia.

7   Zum Einfluß der «christlichen» Byzantiker vgl. das später zum Zustand des Christentum Gesagte. Das «Christentum» ist allerdings als staatliche Religion nicht mit dem biblischen Glauben zu verwechseln. Die «christlichen» Kirchen im nordarabischen Bereich gehörten dazu nicht zur offiziellen, byzantinischen Kirche, wie unter 1. F. beschrieben.

8   Vgl. Anmerkung 6.

9   Vgl. Dietrich (16), S. 310.

10 Es sei nochmals darauf hingewiesen, daß das staatliche «Christentum» nicht der biblischen Botschaft gleichgesetzt werden darf, was selbst Muhammad bemerkte (vgl. unten).

11 Unter Christianisierung ist natürlich selten Predigt und freiwillige Entscheidung für den christlichen Glauben gemeint. Meist ging sie wie in Europa mit Zwang oder Bestechung vor sich. Außerdem beendeten die christianisierten Massen in den seltensten Fällen ihre Teilnahme an heidnischen Kulten.

12 Vgl. das unten zu den ersten Anhängern Muhammads Gesagte in 2. E.

13 Arab. Sayyid: Herr, Gebieter, später: Nachkomme des Propheten. Scheich: eigentlich: Greis, alter Mann, dann Oberhaupt, später geistlicher Würdenträger.

14 D. h. allerdings nicht, daß Muhammad selbst es bei eigenen Belangen mit dieser Gesetzgebung so genau genommen hätte, vgl. unten.

15 Zu den Städten vgl. u. a. Dietrich (16) S. 327.

16 Quraisch.

17 Es ist erstaunlich, daß diese heiligen Monate tatsächlich fast ohne Ausnahme unverletzlich waren. Erst Muhammad mißachtete sie öffentlich und bekriegte die Mekkaner in dieser Zeit unerwartet.

18 Vgl. zu den Beduinenreligionen: Henninger (32 und 33), Nöldeke (47), Jakob (37), Wellhausen (69), Buhl (12), S. 21–110.

19 Das Wort «Heide» bedeutet meist Ungläubiger, Götzendiener, Animist. Es hat daher nichts mit dem biblischen Begriff «Heide» zu tun, der dort für Nichtjuden (dann besser «Nationen») oder Unbekehrte (dann besser Ungläubige – im biblischen Sinn) steht.

20 dschahilija = Unwissenheit.

21 Übersetzt aus Nöldeke (47), S. 659.

22 Vgl. Buhl (12), und Anmerkung 18.

23 Vgl. zu den Ginn: Ahrens (4), S. 7f; Hirschberg (35), S. 13; Buhl (12); Henninger (32), S. 118–169.

24 Ahrens (4), S. 7–8.

25 Eichler (17).

26 Siehe unter 2. D.

27 Den Koran zitieren wir nach Paret (49). Dabei folgen wir auch seiner Verszählung, nämlich der offiziellen ägyptischen, wobei Paret die sogenannte Flügelsche Verszählung, die davon abweicht, in Klammern angibt. Zum Aufbau des Korans vergleiche unten.

28 Das Zitat von Ahrens macht deutlich, daß bei Muhammad ebenso wie bei den Wahrsagern der Verstand völlig ausgeschaltet war. Das ist nebenbei das genaue Gegenteil von der Beschreibung der göttlichen Inspiration der Bibel, bei der die Persönlichkeit der Schreiber nicht ausgeschaltet, sondern ihr Verstand gerade erleuchtet wurde und ihre Persönlichkeit besonders zur Geltung kam.

29 Zu einer Übersicht über diese Götter vgl. Nöldeke (47), S. 660–665.

30 Vgl. ebd.

31 Name scheint später in Allah aufgegangen zu sein.

32 Vgl. Nöldeke (47), S. 663–664, und Wellhausen (69).

33 Buhl (12), S. 85; Henninger (32), S. 221.

34 Der Stein war Sitz der Gottheit. Dies scheint auch noch heute bei der Kaaba der Fall zu sein.

35 Vgl. z.B. Buhl (12), S. 82.

36 Vgl. dazu am besten Wellhausen (69), S. 73–79.

37 Buhl (12), S. 78ff.; 339ff., und das zur Eroberung von Mekka Gesagte.

38 Paret (51), S. 21–22.

39 Al-rukn bedeutet einfach «die Ecke», wobei jeder weiß, daß damit die Ecke mit dem eingemauerten Stein gemeint ist.

40 Vgl. das Zitat von Kellerhals im Text.

41 Vgl. oben unter 1. E. c., wo die Götter erwähnt werden.

42 Kellerhals (167), S. 23–24.

43 Henninger (32), S. 43.

44 Z. B. tut dies Paret (51), S. 18–20.

45 Richardson (181).

46 Vgl. in der Bibel Römer 1, 18–32 und 1. Mose 16.

47 Buhl (12), S. 18.

48 Ebd., S. 18–19.

49 Dieser Unterschied geht auf 1. Mose zurück.

50 Zum Christentum vgl. Kuberski (169), Hirschberg (35), Bell (10), Trimingham (60), Höpfner (151 a), Höpfner (151 m).

51 Wellhausen (69), S. 232, dort auch: «Arabia ferax haereson», weil «Arabia ferax» der Name für das blühende Südarabien war.

52 Die beste Übersicht findet sich bei Kuberski (169), vgl. außerdem Höpfner (151 m), S. 61–64, Höpfner (151 a), S. 7–16.

53 Monophysitisch bedeutet, daß Jesus nur eine Natur hatte, was im Streit der Kirchen um die Göttlichkeit Jesu Bedeutung bekam.

54 Kuberski (169), S. 12 (Sure 2, 253; 5, 14; 6, 159; 19, 37; 21, 93; 23, 53; 30, 32; 43, 65).
Mit ziemlicher Sicherheit wäre es möglich, alle Lehren des Korans bzw. Muhammads, die von der Bibel abweichen und uns zum Teil völlig verwirrt erscheinen (z. B. die Verwechslung von Miriam [Moses Schwester] und Maria [Jesu Mutter], in den Lehren der verschiedenen christlichen Sekten nachzuweisen.

55 Zur Chronologie der Suren vgl. Nöldeke (48) als Standardwerk, sowie Eichler (17), Anhang; Nehls (138), S. 143–144. Zum Koran als Geschichtsquelle vgl. (53). Zur Überlieferung siehe im Teil 3 dieses Buches. Zur Koranauslegung siehe Goldziher (26). Zu den Übersetzungen vgl. Gätje (18) und Paret (52).

56 Sämtliche europäische Literatur der Hadith wird bei Denffer (91) aufgelistet.

57 Als ein Beispiel dafür wird uns weiter unten das orthodox-islamische Buch von Maudoodi (93) dienen. Wer ein Bild von der islamischen Sicht Muhammads haben möchte, sei darauf verwiesen. Weiteres dazu findet sich unter 2. B. b.

58 Vgl. zu Ibn Ishaq 2. A.

59 Als islamisches Beispiel dient Maudoodi (93), S. 42–89, besonders S. 61 ff. Weitere Belege: Schimmel (57), Gottschalk (78), S. 37 ff., Ahrens (4), S. 17–19, und G. Mensching: Die Weltreligionen, Wiesbaden 1981, S. 246–48.

60 Arabisch gara'a: Die primäre Bedeutung ist «lesen». Wenn Muhammad nicht lesen konnte, muß man allerdings von der sekundären Bedeutung «aufsagen, rezitieren» ausgehen.

61 Fück (30), S. 515.

62 D. h. wörtlich «Mutterbuch» oder «Mutter des Buches».

63 Buhl (12), S. 138–139.

64 Demenghem (15), S. 34–35; vgl. S. 20–21.

65 Al-Kor'án (5), S. 1140–1141.

66 McDowell (176), S. 152, zitiert aus: The Cambridge History of Islam.

67 Jathrib (Jatrib) ist der Name des späteren Medina, vgl. die nächste Anmerkung.

68 Mit der zunehmenden Bedeutung Muhammads für Jathrib wurde der Name der Stadt in Medina annabi umgeändert (d. h. Stadt des Propheten), um anzuzeigen, daß Medina die eigentliche Stadt des Propheten war. Später wurde aus dem vollständigen Namen nur noch «Medina», das den ursprünglichen Jathrib verdrängte.

69 Hidschra, vgl. Kreiser (43), Band 2, S. 30, und Artikel Hidjra in E.I.[2] (2).

70 Umma, richtig: chair umma = die beste Gemeinschaft. Vgl. Artikel «umma» in E.I.[1] (3) und die Ausführungen bei Watt (65).

71 Vgl. zum Thema «Frau im Islam» Höpfner (152.1.), Focus on Islam (145. e.), Dermenghem (15), S. 49–52. Ein Beispiel für die völlige Verdrehung der Tatsachen in einer islamischen Werbeschrift der Ahmadiya-Bewegung («Mohammad, Befreier der Frauen»), nach der die Frau ihre Befreiung in der modernen Welt Muhammad zu verdanken hat, ist Ahmad (100) und Ahmad (98), S. 129.

72 Vgl. Smith u. a. bei Pfannmüller (1), S. 93.

73 Zur Heirat eines Muslims heute s. Höpfner (152. j.k.l.).

74 Vgl. zur Josefsgeschichte, die nur als Beispiel dient, Speyer (58), S. 187–224, und Höpfner (150). S. 76–98.

76 Die «Abrahamlegende» vgl. bei Paret (51), S. 119–122; sie ist im Koran schwer zu erfassen, da sie recht unterschiedlich dargestellt wird. So ist z. B. einmal Isaak, ein anderes Mal Ismael die Hauptfigur neben Abraham. Im Gegensatz zum Alten Testament geht es z. B. um eine Opferung Ismails, nicht Isaaks, die bei Mekka und nicht bei Jerusalem stattfindet. Vgl. ausführlich bei Speyer (58), S. 120–186, und Höpfner (152. d.).

77 Diese Tatsache ist ein Hinweis darauf, wie gut sich Muhammad doch in der Theologie der anderen Religionen auskannte.
Die Beschreibung des Verhältnisses zwischen biblischer und koranischer Überlieferung könnte ein eigenes Buch füllen. Den besten detaillierten Überblick bietet Speyer (58). Eine Verteidigung aus islamischer Sicht findet sich bei Ahmad (98), S. 1–153. Evangelikal-christliche Stellungnahmen bieten die Nummern 131–152 (im Literaturverzeichnis). Vgl. bieten: Bell (10), Geiger (19), Jomier (39), Paret (51), Rudolph (56).

79 Eine Widerlegung aus christlicher Sicht findet sich bei: Christianity and Islam Serious (146. c.).

80 Diese apokryphen Evangelien, auf die sich Muslims oft berufen, sind z. T. erst Jahrhunderte nach dem Neuen Testament entstanden. Ihre Existenz ist ein Hinweis auf den Zustand des damaligen arabischen Christentums. Vgl. zum Barnabas-Evangelium wieder Christianity and Islam Serious (146. c.), und Jadeed (137. j.).

81 Die Paradiesvorstellungen des Korans beinhalten nicht das Lob und die Anbetung Gottes, sondern bieten die Erfüllung irdischer Wünsche (Milch, Honig, Wein, Paradiesjungfrauen, Brokatteppiche, vgl. z. B. Sure 47, 15 u. 16; 55, 54; 56, 11–40; wobei die letzte Stelle besonders deutlich macht, wie sehr

die Erfüllung sexueller Wünsche auch noch im Paradies im Mittelpunkt steht.

82 Der Gedanke, gefallenen Kriegern einen besonders schnellen Eingang in den Himmel zu versprechen, ist in zahlreichen Religionen zu finden. Er ist vor allem dort verbreitet, wo religiöse und politische Herrschaft zusammenfallen. So bekämpften sich während der Kreuzzüge auf beiden Seiten Truppen im «heiligen Krieg». Um diese Ungeheuerlichkeit zu verstehen, brauchen wir gar nicht weit in die Geschichte zurückzugehen. Im Ersten Weltkrieg, ebenso wie im Zweiten, wurde es deutschen Soldaten unter anderem von der katholischen Kirche versprochen, und in England und Frankreich finden sich heute noch auf Soldatengedenkstätten entsprechende Hinweise. Der Kampf in Nordirland zwischen Katholiken und Protestanten oder der innerislamische Krieg zwischen Iran und Irak sind neueste Beispiele. Ein großer Teil der Kriege in der Weltgeschichte wurde im Namen Gottes und der Religion geführt.

83 Die folgenden Eroberungen sind nur auf dem Hintergrund der politischen und religiösen Verhältnisse zu verstehen, die wir unter 1.A.B. beschrieben haben.

84 Vgl. dazu auf der einen Seite Mayer (83); auf der anderen Konzelmann (82).

85 Vgl. dazu Fadil (129 und 130), Höpfner (152 h.), Gottschalk (78) und eingeschränkt Baar (101 und 102).

86 Vgl. Anmerkung 28!

87 Vgl. Anmerkung 55 und die Angaben über jede Sure bei Ahmad (98).

88 Vgl. den Teil 2.A.C.

89 Vgl. zu diesem wichtigen Thema: Schimmel (57), Andrae (6), Krause (168), Höpfner (151. g u. 152. g.), Meinhold (112), S. 313–316 u. Sure 5, 82 u. 85 mit Kommentar bei Henning (31), S. 130 u. 9 u. 16.

Der Islam und das Evangelium

Warum mit dem Islam beschäftigen?

Zahlreiche Gründe sollten uns eine ausführliche Beschäftigung mit dem Islam ans Herz legen. Zum ersten erlebt der Islam zur Zeit weltweit einen Aufbruch. Die Ölmilliarden ermöglichen es den islamischen Staaten, weltweit Mission, Koranverbreitung und islamische Schulen in Gang zu setzen. So wird der Islam zum großen «Konkurrenten» des Christentums. Nur noch der Kommunismus wird dem Christentum und seiner Missionsarbeit annähernd so gefährlich. Dabei beschränkt sich der Islam nicht nur darauf, eigene Missionsarbeit auszubauen, sondern auch ganz direkt christliche Missionsarbeit zu stören und zu bekämpfen. Wer sich für Mission interessiert, wird sich also immer mehr auch für den Islam interessieren müssen.

Zum zweiten sind es die Millionen von Gastarbeitern in unserem Land. Wenn wir sie mit dem Evangelium erreichen wollen, müssen wir den Islam kennen. Ein Teil der Gastarbeiter ist hier viel offener für Neues, ein Teil aber auch viel überzeugter als in der Heimat.

Eng damit zusammen hängt die Tatsache, daß der Islam speziell Europa als Missionsfeld ansieht. Unzählige Organisationen und Zeitschriften werben für den Islam und seine Kultur. Und der Erfolg ist nicht zu übersehen. Immer häufiger findet man ehemalige Kirchenmitglieder unter den Autoren solcher Literatur. Sie «bekehrten» sich bei islamischen Aktionen oder durch Literatur.

Die Ölmilliarden machen auch hier billige Preise und großen Einsatz möglich. Moscheen werden errichtet, Islamschulen eröffnet, Bücher geschrieben. Besonders eifrig benutzen die Muslims (wie sie sich nennen, da sie die Benennung nach dem Propheten: «Mohammedaner» als Schimpfwort empfinden) dabei die Kanäle, die ihnen die ökumenische Offenheit für den Dialog mit anderen Religionen ermöglicht.

Der Islamreferent der Evangelischen Kirche Deutschlands, gleichzeitig Mitarbeiter der Evangelischen Zentralstelle für Weltanschauungsfragen, Michael Mildenberger, schreibt proislamisch in islamischen Zeitschriften und veröffentlicht häufig Beiträge in kirchlichen Zeitschriften. Viele Religionslehrer holen neuerdings Muslims in den Unterricht, Kirchenzeitungen lassen Muslims Stellungnahmen zum Islam abdrucken, und bei kirchlichen Veranstaltungen über den Islam darf natürlich ein Vertreter des Islams nicht fehlen.

Alle diese Möglichkeiten nutzen die Muslims gerne, wobei man häufiger in ihren eigenen Zeitschriften Unverständnis darüber findet, daß die Christen sich so ausnutzen lassen. Dieselben dialogbereiten Muslims schreiben oft gleichzeitig Berichte gegen christliche Missionswerke und sind aktiv am Kampf gegen sie beteiligt.

Wir sind inzwischen so weit, daß für viele Menschen im Gespräch über das Evangelium auch eine Stellungnahme zum Islam erfolgen muß. Fernsehen, Presse und die allgemeine tolerante Haltung sind die Auslöser. Leider sind wir Christen aber auch oft nicht besser informiert, und Islam ist dann gleich Khomeini, Handabhacken und Schleier. Wenn wir nicht zum eigentlichen Unterschied zwischen unserer Botschaft und den Gedanken des Islams durchdringen, werden wir weder das Evangelium den Muslims bringen, noch einer breiten Masse religiös unentschiedener Menschen in unserem Land antworten können.

Wo liegt die eigentliche Auseinandersetzung?

Die eigentliche Auseinandersetzung zwischen dem Evangelium und dem Islam dreht sich um die Person Jesu. Da der Islam sehr viel, leider Falsches, über Jesus sagt und im Koran schreibt, ist der Muslim gegen unsere Aussagen schon geimpft. Trotzdem müssen wir auf sie zentral zu sprechen kommen. Wenn wir statt dessen über Frauenemanzipation, Handabhacken bei Diebstahl, den Iran, den Frauenschleier oder das Alkoholverbot diskutieren, werden wir nie weit kommen, da sich erstens oft die Muslims darin nicht einig sein und zweitens wir im großen Problem des Islams, der Gesetzlichkeit, steckenbleiben, gegen das wir doch gerade Jesu Botschaft anzubieten haben.

Um eine Auseinandersetzung um das Wesentliche zu ermöglichen, sollen nun einige wichtige Informationen über den Islam zusammengestellt und anschließend die wesentlichen Unterschiede zwischen Koran und Bibel aufgezeigt werden.

Das Einmaleins über den Islam

Wußten Sie,

- daß «Islam» soviel wie Hingabe (an Gott), Unterordnung, bedeutet?
- daß die Anhänger des Islam «Moslem» oder «Muslim» genannt werden wollen und «Mohammedaner» ein Schimpfname ist?
- daß Mohammed von 570 bis 632 lebte, seit 622 in Medina (= Hedschra).
- daß der Koran etwa so lang ist wie das Neue Testament?
- daß der Koran 114 Suren hat, die der Länge nach geordnet sind?

- daß Sure 1 und Sure 112 die wichtigsten sind?
- daß der Koran in Arabisch geschrieben ist und als unübersetzbar gilt?
- daß neben dem göttlichen Koran auch die schriftlich festgehaltenen überlieferten Äußerungen und Handlungen des Propheten Mohammed, genannt «Hadith», und die Gewohnheiten der ersten Moslems, genannt «Sunna», sowie viele weitere Schriften eine entscheidende Rolle spielen?
- daß der Islam keine religiösen Bilder und keine religiöse Musik kennt?
- daß der Islam in zwei große Parteien, die «Sunniten» und die «Schiiten» gespalten ist und es im Islam ebenso «fundamentalistische», «liberale» und «konservative» Strömungen gibt wie im Christentum?
- daß die religiöse Praxis folgende fünf Säulen umfaßt:
  1. *Das Glaubensbekenntnis:* «Es gibt keinen Gott außer Allah und Mohammed ist sein Prophet!»,
  2. *Fünf tägliche Gebete* in Richtung auf die Kaaba in Mekka,
  3. *Die Almosensteuer* und Armenhilfe,
  4. *Das Fasten,* besonders im 9. Monat «Ramadan» (Fastenmonat),
  5. *Die Pilgerfahrt* nach Mekka einmal im Leben,
  6. Oft angeführt: Der Heilige Krieg «Jihad»?
- daß der Koran sehr viele Anspielungen auf das Alte und Neue Testament enthält?
- daß der Islam 104 heilige Bücher kennt:
  10 von Adam, 50 von Seth, 30 von Enoch, 10 von Abraham, 5 von Mose (= Bibel), 1 von David/Die Pslamen (= Bibel), 1 von Jesus/Das Evangelium (= Bibel), 1 von Mohammed/Der Koran?
- daß die Juden und Christen beschuldigt werden, die drei genannten Bücher verfälscht zu haben und den Rest unberechtigterweise als Gottes Wort zu bezeichnen?

- daß Jesus im Islam ein wichtiger Prophet ist, aber nicht Gottes Sohn?
- daß die Frage um Jesus und die Dreieinigkeit der größte Streitpunkt zwischen Islam und Christentum ist?
- daß Jesus als Gottes Sohn zu bezeichnen, Gott als dreieinig und zu glauben, daß Jesus am Kreuz starb, als Gotteslästerung gilt?
- daß im Koran viel gegen das Christentum steht?
- daß trotzdem Juden und Christen als «Religionen des Buches» eine Sonderstellung zwischen Heiden/Ungläubigen und Moslems haben?
- daß man Christen dulden kann, solange sie nicht missionieren?
- daß Mission unter Moslems als die schwierigste überhaupt gilt?
- daß Moslems durch den Koran und andere Bücher sowie durch die politische Geschichte und die Tatsache, daß sie – wie Mohammed – nur ein pervertiertes Christentum kennenlernten, meist gegen das Christentum und das Evangelium geimpft sind?
- daß Paulus in Römer 1, 16–17 und Römer 10, 1–2 etwas sagt, das auch für den Islam gilt?

Der Islam als antichristliche Religion

Der Koran enthält sehr viele Stellungnahmen zu Jesus und dem Christentum. Daher lassen sich die Glaubensunterschiede sehr gut herausarbeiten. Die folgende Gegenüberstellung macht das deutlich.

Islam	Christentum
Gott ist von der Schöpfung getrennt und sein Handeln unzugänglich.	*Gott* schuf die Schöpfung als Gegenüber und legte sich in der Offenbarung über sich fest.

Islam	Christentum

Adam sündigte, aber Gott vergab ihm sehr schnell wieder.

Adam sündigte und brachte damit die Sünde, den Tod und die Trennung von Gott für alle Menschen.

Der Mensch ist gut und böse. Er muß seine gute Seite entwickeln. Am Ende wird aufgerechnet.

Der Mensch ist böse und kann nichts von sich aus tun, um vor Gott wieder gut zu werden.

Der Mensch kann durch gute Werke und Einhalten der Gesetze Gott gefallen.

Der Mensch kann Gott nicht durch Werke erreichen. Das Gesetz bringt ihn nur noch tiefer in die Sünde.

Rettung nur durch Werke.

Rettung nur durch Gnade.

Jesus wurde von Gott erschaffen und in Maria versetzt. Er ist ein menschliches Geschöpf.

Jesus wurde vom Heiligen Geist in Maria gezeugt und ist wahrer Mensch und wahrer Gott (Gottes Sohn) zugleich.

Gott hat *keine Kinder*. Jesus als Gott zu bezeichnen ist Vielgötterei.

Jesus ist *Gottes Sohn* und *Gott* selbst. Wir können *Söhne Gottes* werden, damit seine Brüder.

Jesus war einer der großen Propheten, nach Mose und vor Mohammed, den er ankündigte.

Jesus war Gottes Sohn und der höchste Prophet, weit über Mose, und kündigte den Geist Gottes an.

Mohammed ist der letzte und wichtigste Prophet.

Jesus ist der wichtigste Prophet und Gottes Sohn, Mohammed ein Irrlehrer.

Jesus starb nicht am Kreuz, sondern jemand, der ihm ähnlich war. Die Kreuzigung wäre eine Schlappe Gottes gewesen.

Jesus starb nach dem Willen seines Vaters am Kreuz, er wurde ins Grab gelegt und stand am dritten Tag wieder auf. Nun können unsere Sünden vergeben werden.

Gott hat keine Partner, Söhne, Helfer etc. Die Dreieinigkeit (Vater, Sohn, Geist oder: Vater, Sohn, Maria) ist Götzendienst.

Gott ist drei Personen in einer. Der Vater, sein Sohn und ihr Geist sind unser einiger Gott.

Jesus darf nicht angebetet werden.

Jesus muß angebetet werden.

Die Bibel ist verfälscht, obwohl sie stellenweise Gottes Wort enthält.

Die Bibel wird durch den Koran ergänzt und korrigiert.

Der Koran ist direkt von Gott gegeben ohne Schreibarbeit oder Beteiligung Mohammeds.

Der Islam ist die Aufforderung, sich Gott zu unterwerfen und gerecht zu leben.

Die Bibel ist Gottes zuverlässiges Wort an uns. Der Geist überwacht sie.

Die Bibel wird durch nichts korrigiert und bleibt in Ewigkeit Gottes Wort.

Die Bibel ist von Gott «eingehaucht», die Persönlichkeit der Schreiber jedoch nicht ausgeschaltet.

Das Evangelium ist Gottes Angebot, das Rettungswerk Jesu am Kreuz anzunehmen und von Gott gerechtfertigt zu werden.

(aus «Licht und Leben» Nr. 8/82)

Gruppierungen im Islam

In der westlichen Presse erscheint der Islam oft als ein großer monumentaler Block. Was die Kernaussagen des Islams betrifft, dem Evangelium gegenübergestellt, mag dies richtig sein, und wir sollten in Gesprächen deswegen immer auf diese wichtigen Dinge zu sprechen kommen.

Viele Europäer wissen jedoch nicht, daß der Islam mindestens ebenso in zahllose Richtungen, Rechtsschulen, Organisationen und Sekten aufgespalten ist wie das Christentum. Wie im Christentum bei evangelischen und katholischen Kirchen gibt es auch dort große historische Spaltungen, hier wie dort prägt jedes Land seine eigene Form der Religion aus. Hier wie dort legt man die Bibel oder den Koran entweder liberal oder orthodox aus, und hier wie dort spielen persönliche Interessen einzelner Gläubiger eine große Rolle.

So tritt uns auch in Deutschland der Islam in einer Unzahl von Gruppierungen, Nationalitäten, Schulen und gegeneinanderarbeitenden Moscheen entgegen. Mal fast europäisch, mal militant, mal ökumenisch orientiert, mal fanatisch und gefährlich. Nebenbei ist dies auch der Grund, warum bisher noch kein islamischer Religionsunterricht eingeführt wurde: Die islamischen Gruppen konnten sich bisher noch nicht in einer gemeinsamen Organisation zusammenschließen und viele kleine Gruppen beanspruchen, den wahren Islam zu vertreten. (Die Muslims behindern sich also selbst. Wir wollen jedoch nicht gegen ihren Religionsunterricht vorgehen, der ihnen rechtmäßig zusteht, wenn sie geschlossen sind, wohl aber beten und in Wort und Tat Zeugnis geben.)

Zuerst einmal müssen wir uns dabei über das Durcheinander im nominellen Christentum klar werden. Von christlichen Befreiungsbewegungen über tote Staatskirchen, von den Zeugen Jehovas bis zur charismatischen Bewegung, für den Moslem hängt dies alles zusammen, und er beurteilt uns als «Christen» wie wir ihn als «Moslem» sehen! Wir müssen also erst einmal selbst klar sehen, daß nicht «das Christentum» verteidigt wird, sondern das Evangelium und die biblische Botschaft. Man muß nüchtern – auch einem Moslem gegenüber – den Unterschied mancher «christlichen Gruppe» zur Bibel und zu Jesus erklären. So wie wir nun erwarten, daß der Moslem diese eigentliche Botschaft überprüft, sollten auch wir den eigentlichen Islam, wie im letzten Artikel dargestellt, angehen.

Dennoch ist es als Verstehenshilfe nützlich, die wesentlichen Gruppierungen im Islam zu kennen und im Einzelgespräch den Standort des Gegenübers zu berücksichtigen. Ein indonesischer Moslem weiß kaum etwas von den Kreuzzügen. Für einen Türken prägen diese Kreuzzüge stark das Verhältnis zu uns. Ein liberaler Moslem wird die Bibel ebenso überholt finden wie den Koran, ein fundamentalistischer vielleicht auf die 5 Bücher Mose hören (die als Buch Gottes gelten). Daher soll unten der Versuch gemacht werden, grob die wichtigsten Unterschiede zu beschreiben, wobei die Vermischung der einzelnen Merkmale (Herkunftsland, geschichtlicher und theologischer Hintergrund) zu den ungezählten Gruppierungen führt.

A) Historische Spaltungen

Die Nachfolge Mohammeds war von Anfang an umstritten. Um seinen Schwieger- und Adoptivsohn setzten die Auseinandersetzungen ein, die schließlich zur großen Spaltung in Sunniten und Schiiten führte. Während die Sunniten etwa 90% des Weltislams ausmachen und eine eher pragmatische Politik betrieben, kennen die Schiiten nur blutsverwandte Nachfolger Mohammeds, deren letzter einst als eine Art islamischer Messias wiedererscheinen wird. Die Spaltung hat heute eine große politische Bedeutung, da der Schiismus meist staatskritisch ist und dem staatstragenden Sunnismus gegenübersteht. Im Iran finden wir die größte Konzentration von Schiiten, die die Schiiten im Irak gegen die sunnitische Regierung aufstacheln.

Beide Richtungen unterteilen sich weiter, *der Sunnismus* in vier verschiedene Rechtsschulen, der Schiismus in rivalisierende Sekten.

Da die vier Rechtsschulen auch in Europa entscheidend sind, seien sie kurz skizziert, ohne daß ihre Kenntnis zum Grundwissen gehört:

B) Theologische Spaltungen (im Sunnismus)

- Die Schule der Hanbaliten: Sie ist die offizielle Schule Saudi-Arabiens und *fundamentalistisch* ausgerichtet. Sie trägt dank den Ölmilliarden die traditionalistische Wiedererweckung des weltweiten Islam.
- die Schule der Hanafiten: Sie beherrscht die Türkei, den Vorderen Orient und ist stark *liberal* und *rational* eingestellt.
- Die Schule der Schafiiten: Sie herrscht in Ostasien, Ostafrika und im unteren Ägypten und kennt *neben* Koran und Tradition noch weitere Regeln der Urgemeinde und betont die Entwicklung der moslemischen Gemeinden.
- Die Schule der Malakiten: Sie herrscht im oberen Ägypten und im restlichen Afrika (Sudan, Nord- und Schwarzafrika) und hat ebenfalls neben Koran und Tradition weitere Regeln aus der Zeit der Kalifen.

C) Geographische Spaltungen

Auch wenn diese theologischen Schulen eine deutliche geographische Spaltung ergeben, spielt darüber hinaus die Geschichte des einzelnen Landes eine große Rolle. Einige Beispiele sollen dies zeigen.

– In *Saudi-Arabien* liegen die wichtigsten islamischen Heiligtümer, die Gelehrtenschulen, wird Hocharabisch gelehrt und ein Islam gelebt, der selten wirklich Konkurrenz hatte. Hier sind die meisten Moslems geschult und sehr stark überzeugt. Ihr Fundamentalismus macht sie gegenüber dem Evangelium abgeneigt.

– In *Indonesien* kam der Islam in ein hinduistisch-buddhistisches Land mit großer Toleranz. Da der Islam nicht aus Arabien, sondern über Indien kam, konnte er sich viel mit mystischen und animistischen Elementen vermischen. Die Fähigkeit der Indonesier, scheinbar völlig widersprüchliche Dinge zu vereinen, ist sprichwörtlich. Wenn es hier auch fanatische Gruppen gibt, ist der Islam im großen und ganzen tolerant und offen für Neues.

– In der *Türkei* gibt es offiziell keine Staatsreligion mehr. Hier herrscht ein stark rationaler Islam. Türkische Mitbürger stehen daher entweder europäischem Rationalismus offen gegenüber oder gehören zu fanatischen, rechtsextremen Oppositionsparteien, die in der Türkei verboten sind.

– Im *Iran* herrscht der Schiismus, der sich stark gegen Israel richtet und einen rein islamischen Staat ohne Technik etc. will. Dennoch steigt die Offenheit für den Kommunismus. Iranische Bürger sind daher oft stark politisch ausgerichtet und lassen schwer über andere Dinge mit sich reden.

D) Spaltungen als Reaktion auf den Einfluß des Westens

Die meisten islamischen Kulturbereiche waren lange Zeit, meist über den Ersten Weltkrieg hinaus, von westlichen Errungenschaften wie Technik, Demokratie oder Rationalismus unberührt. Die guten und schlechten Seiten des westlichen Fortschritts stürmten dann um so stärker auf sie ein, wobei die Ölmilliarden eine bedeutende Rolle spielten.

Während am Anfang eine ungeheuchelte Euphorie herrschte, wandelte sich in jedem Staat und Gebiet die Stellung zum Westen in einer Pendelbewegung, so daß heute die meisten Positionen festliegen. Der Iran will westlichen Einfluß völlig ausmerzen, die Türkei möglichst erweitern usw.

Auch wenn der Westen neben vielen guten Dingen viel Dreck in den islamischen Bereich brachte, ist die Haltung eines Moslems gegenüber dem Westen entscheidend für seine Haltung den Christen gegenüber, da die Christen als typische Westler gelten. Hier gilt herauszufinden, wo unser Gesprächspartner steht.

Österreichische Moslems stehen oft auf dem Standpunkt, der Islam solle völlig von fundamentalistischen Elementen befreit werden und bilde eine philosophische Grundlage für Staat und Wissenschaft. Viele türkische Gastarbeiter schwanken zwischen völliger Übernahme westlicher Laschheit und Übernahme westlicher Wirtschaft ohne Aufgabe des Glaubens.

An einigen wenigen Beispielen haben wir gezeigt, wie unterschiedlich die Position eines Moslems sein kann. Es lohnt sich, unseren Gesprächspartner darüber zu befragen, wenn wir ihn erreichen wollen. Besonders bei der Beurteilung politischer Nachrichten (Fernsehen etc.) kann dieses Wissen zu Änderungen führen.

Auf der anderen Seite kann es uns davor bewahren, bestimmte Dinge einer islamischen Richtung (etwa das Händeabhacken im Iran) für islamisch zu halten und zum Gesprächsthema zu machen. Das Wissen um die Vielfalt im Islam läßt die wichtigen Artikel des Glaubensbekenntnisses zum Gesprächsthema werden, nicht aber politische oder kultische Besonderheiten. Und damit erfüllen wir auch ein biblisches Gebot, nämlich nicht bessere Menschen zu erziehen oder über Gesetze zu streiten, sondern Menschen die Erlösung durch das Blut Jesu anzubieten.

(aus «Licht und Leben» Nr. 4/83)

Islam – was tun wir als Christen?

Im Anhang I sahen wir, daß Christentum (im biblischen Sinne) und Islam unvereinbar sind, ja daß sich der Koran an vielen Stellen klar gegen zentrale biblische Botschaften richtet. Die Auseinandersetzung soll deswegen bei diesen wesentlichen Dingen beginnen. Im Anhang II sahen wir, daß der Islam in zahllose Richtungen gespalten ist, ähnlich wie das organisierte Christentum, und es sehr nötig ist, den Moslem mit der biblischen Botschaft selbst bekanntzumachen und diese klar von den vielen christlichen Kirchen und Sekten zu unterscheiden. In beiden Artikeln wurde auch die Dringlichkeit unserer Gespräche mit den Moslems deutlich. Islammission ist im eigenen Land das Gebot der Stunde. Wenn wir jetzt zögern und nur diskutieren, werden wir später das Versäumnis nie wieder nachholen können.

Doch was sollen wir nun ganz konkret tun?

Die folgenden Anregungen werden nicht alle für jeden gelten, aber sind doch als Anfrage an jeden einzelnen gedacht.

1. *Gebet und Geld* – Beides ist in der Islammission besonders notwendig, denn der Kampf «nicht mit Fleisch und Blut» wird nirgends deutlicher gekämpft. Lassen Sie sich dabei von Berichten und Missionszeitschriften nicht «täuschen»: Vieles dürfen sie nicht berichten, und so entsteht ähnlich wie bei Ostblockmissionen oft der Eindruck, alles liefe glatt. Lesen Sie dann zwischen den Zeilen und denken Sie im Gebet an Gastarbeitermission und

Missionare in islamischen Ländern; wenn sie nur spärlich Informationen bekommen, ist es oft am dringendsten.

2. *Persönliche Opfer* – Islammission und Evangeliumsverkündigung an Gastarbeitern schaffen wir nicht nebenbei. Hier ist persönliches Opfer gefragt, besonders über längere Zeiträume. Da ist zum Beispiel das Sprachelernen. Mühsam ist das für alle. Aber wenn die erlernte Sprache ein Weg ist, um Menschen zum Glauben zu führen, lohnt es sich dann nicht? Und dabei gibt es kaum ein Land, in dem es so einfach ist, die unmöglichsten Sprachen zu erlernen, wie die Bundesrepublik Deutschland. An den Universitäten können alle, auch Nichtakademiker, kostenlos Sprachen erlernen, die Volkshochschulen steigen im Niveau und werden billiger, und über Kassetten kann jeder zu Hause lernen.

Wissen Sie, warum die Zeugen Jehovas unter Gastarbeitern, besonders unter Türken, solchen Zulauf haben? Weil Tausende (!) von Zeugen Jehovas Türkisch und andere Sprachen erlernt haben und lernen. Es gibt kaum einen Türkischkurs oder ein Arabischprogramm, in dem sich nicht Zeugen Jehovas finden. Warum ist das bei uns nicht so? Wenn Gott uns Menschen ins Land schickt und noch umsonst die Sprache lernen läßt, ist dann das übrige Opfer zu groß?

Aber nicht nur beim Sprachelernen werden Opfer nötig. Beim Umstellen auf andere Sitten, beim Aufnehmen von Ausländern und beim Eingehen des Risikos beim Kennenlernen. Und erst recht kommen diese Opfer in Frage, wenn es an Islammission in islamischen Ländern geht. Aber haben wir Christen nicht lange genug ein ruhiges Leben geführt, daß wir jetzt auch mal unbequeme Dinge tun können?

3. *Gemeinden* – Schrifttum für Ausländer bereit zu haben, dürfte hoffentlich für eine Gemeinde inzwischen selbstverständlich sein. Aber es gibt viel mehr Möglichkeiten. Ist in der Gemeinde bekannt, wer welche auslän-

dische Sprache spricht? Wie sieht es mit einer kleinen Übersetzungsanlage im Gottesdienst aus? Kann die Gemeinde Gemeindegliedern, die in Urlaub fahren, Schriften und Informationen für das Urlaubsland besorgen? Was einzelnen nicht möglich sein wird, kann eine Gemeinde gemeinsam auf die Beine stellen. Außerdem kann die Gemeinde Aktionen unterstützen, wie z. B. den Fahrbaren Schriftenstand mit 50 Sprachen der Mission für Süd-Ost-Europa oder Übersetzungsanlagen bei Evangelisationen. Unsere großen technischen Möglichkeiten machen es uns so einfach wie noch nie.

4. *Missionare* – Trotz allem werden immer mehr Menschen gebraucht, die den ganzen Tag Zeit für Islammission haben, ob hier im Land oder im Ausland. Wie aber kommt es, daß in der Bundesrepublik mehr Schweizer unter Türken arbeiten als Deutsche? *Haben wir unsere «Gastarbeiter» für die Gastarbeitermission?* Ist hier nicht ein ungeheures Betätigungsfeld für Rentner, Arbeitslose, Sprachstudenten und manch andere mehr, die die Gemeinde dann unterstützen kann? Und können nicht viel mehr gläubige Studenten als bisher im Ausland (z. B. Ankara oder Riad) studieren oder hier mit ausländischen Studenten zusammenziehen? Voraussetzung ist allerdings, daß diese Studenten selbst die verschiedenen satanischen Angriffe an der Universität durchschaut haben und genauso wie den Islam mit dem Evangelium konfrontieren.

Die Zahl der Islammissionare im In- und Ausland ist so erschreckend gering, daß irgendwelche Deutsche doch dem Auftrag ungehorsam sein müssen, wenn Gott will, daß alle Menschen gerettet werden und zur Erkenntnis der Wahrheit kommen.

5. *Klare Stellungnahme* – Nicht zuletzt fordert uns die Auseinandersetzung mit dem Islam auf, klare Stellung zu beziehen, damit der Moslem im Wirrwarr der Meinungen klar das Evangelium erkennen kann. Dazu ist es nötig,

klar über den dämonischen Hintergrund mancher Dinge zu sprechen, die bei uns gang und gäbe sind (etwa der Rockmusik oder der bibelkritischen Theologie an den Universitäten, aber auch des Islams). Wenn wir hier selbst nicht klarsehen, werden wir nur mit Fleisch und Blut kämpfen und weder selbst gegen den Islam ankommen, noch dem Moslem klar erklären können, wo bei uns der Satan und wo der lebendige Gott wirksam ist.

6. Bei alledem zeigt sich nur, daß uns das hier zu dem herausfordert, wozu der Kommunismus unsere Brüder und Schwestern in den kommunistischen Staaten herausfordert, nämlich die gesamte biblische Botschaft auszuleben und weiterzugeben und nicht mit weltlichen Angleichungen zu vermischen, denn: Opfer, klare Linie, und konsequentes Leben sind von uns so oder so gefordert, gleich ob wir missionieren oder nicht, aber nirgends wird Unversöhnlichkeit, Irrlehre in der Gemeinde oder fehlende Opferbereitschaft so tragische Auswirkungen haben wie in der Islammission.

(aus «Licht und Leben» Nr. 8/83)

Karten über
die Verbreitung des Islams

In den ersten 200 Jahren nach dem Beginn des Islams im Jahre 622, verbreitete sich diese Religion sehr schnell.

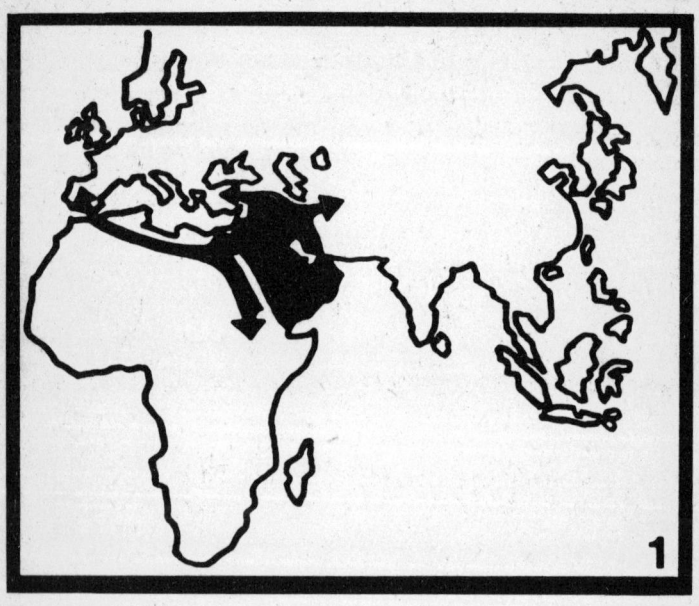

von 622 bis 800

Der Islam wächst langsamer.

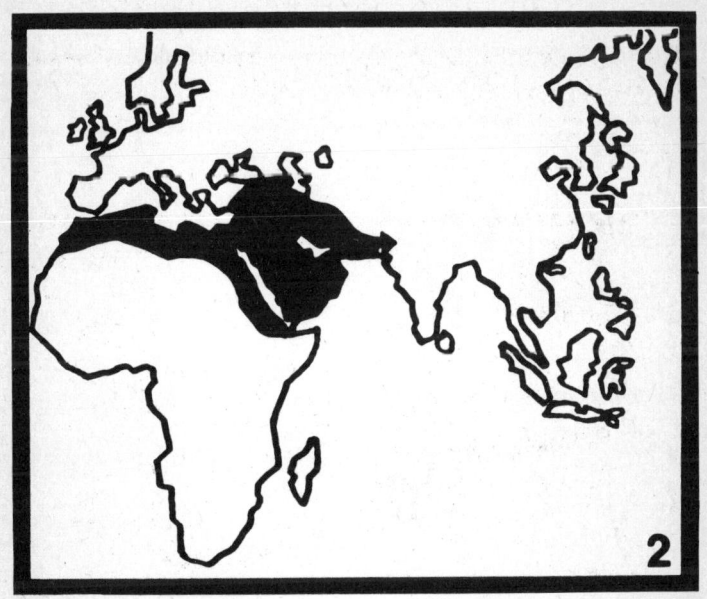

von 800 bis 1300

Der Islam gewinnt durch den «heiligen Krieg» neuen Zuwachs.

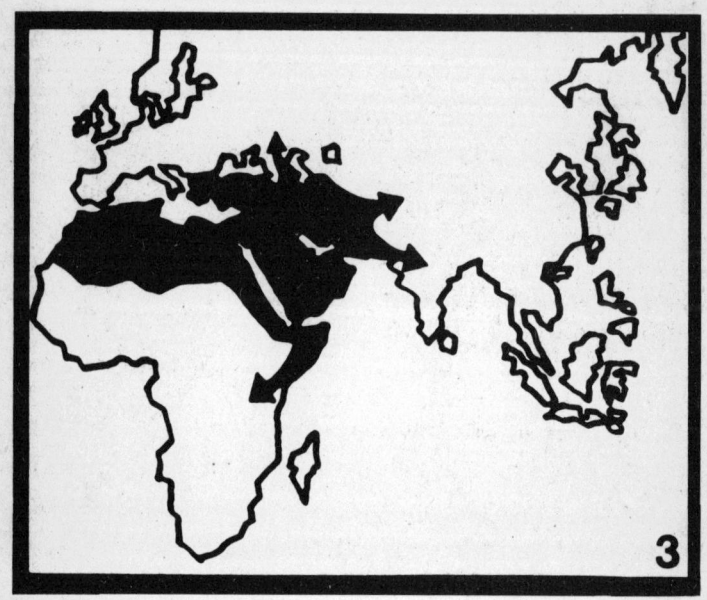

von 1300 bis 1500

Seit langem erleben wir heute wieder einen sehr großen Zuwachs des Islams.

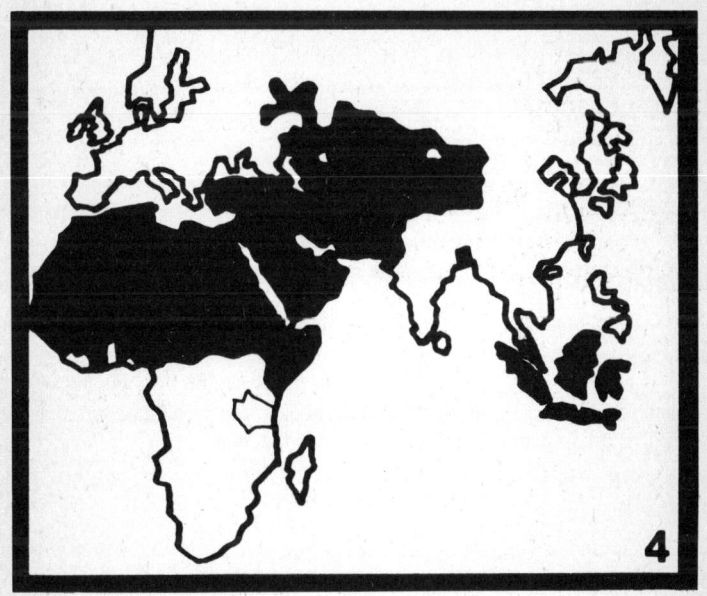

die Situation heute

Literatur zu Muhammad
und dem Islam

In den Anmerkungen wird die Literatur zitiert, indem hinter dem Nachnamen des Verfassers die Nummer der folgenden Liste steht, also z.B. «Pfannmüller (1), S. 15».

A. Islamwissenschaftliche Literatur

Einen guten Überblick über fast sämtliche ältere Literatur bietet:

1 *Gustav Pfannmüller,* Handbuch der Islam-Literatur, Berlin 1923
Ein entsprechendes Sammelwerk in neuerer Zeit fehlt, doch kann vieles der islamischen Enzyklopädie in ihrer englischen Neuausgabe entnommen werden:

2 *Encyclopedia of Islam (EI),* zahlreiche Bände, Leiden ab 1970
3 *Enzyklopedie des Islam, (EI),* zahlreiche Bände, Leiden ab 1926
Die islamwissenschaftlichen Veröffentlichungen sind vom eigenen Anspruch her neutral, in Wirklichkeit aber meist pro-islamisch, doch meist nicht so sehr, daß es einem Moslem genügen würde.

4 *Karl Ahrens,* Muhammed als Religionsstifter, Abhandlungen für die Kunde des Morgenlandes, Leipzig 1935
5 *al-Kor'án,* EI, Band II, S. 1138–1153, Leiden 1927
6 *Tor Andrae,* Islamische Mystik, Stuttgart 1980[2], 1947[1]
7 *Tor Andrae,* Mohammed, Göttingen 1932
8 *Tor Andrae,* Der Ursprung des Islam und das Christentum, Uppsala 1926
9 *Richard Bell,* Introduction to the Qur'an, Edinburgh 1953
10 *Richard Bell,* The Origin of Islam in its Christian Enviroment, Edinburgh – London 1968[2]
11 *Walter Beltz,* Die Mythen des Koran, Ost-Berlin 1979, Düsseldorf 1980 *(Gibt gute Hinweise auf mögliche Entstehungsgründe für Koranteile, allerdings versteht er das Alte Testament in einem parallelen Werk ebenso als mythisch.)*
12 *Frants Buhl,* Das Leben Muhammeds, Leipzig 1930[1], Heidelberg 1955[2]
13 *John Burton,* The collection of the Qur'án, Cambridge 1977
14 *Werner Caskel,* Die Bedeutung der Beduinen in der Geschichte der Araber, AG für Forschung des Landes Nordrhein-Westfalen, Geisteswissenschaften, Heft 8, Köln – Opladen 1953

15 *Emile Dermenghem,* Mohammed, in Selbstzeugnissen und Bild-dokumenten dargestellt (rororo-bildmonographie), Reinbek 1960[1], 1980[2]. Gute Zusammenfassung bis heute.

16 *Albert Dietrich,* Geschichte Arabiens vor dem Islam, in: Hand-buch der Orientalistik, Band I, 2, 4, Lieferung 2, S. 291–332, Köln – Leiden 1966

17 *Paul Arno Eichler,* Die Dschinn, Teufel und Engel im Koran, Diss. Leipzig 1928

18 *Helmut Gätje,* Koran und Koranexegese, Zürich–Stuttgart 1971

19 *Abraham Geiger,* Was hat Mohammed aus dem Judenthume auf-genommen, Bonn 1833[1], Leipzig 1902[2]

20 *Carl F. Gerock,* Versuch einer Darstellung der Christologie des Koran, Hamburg 1939

21 *Louis Gardet,* Islam. Köln 1968

Ignaz Goldziher ist der wohl wichtigste europäische Islamologe gewe-sen. Seine zahlreichen Veröffentlichungen sind gesammelt bei:

22 *Bernhard Heller,* Bibliographie des œuvres de Ignace Goldziher, Paris 1927

Literatur über ihn (sowie weitere Literatur zum Thema) bei:

23 *Jean-Jaques Wardenburg,* L'islam dans le Mirior de l'occident, Paris 1962

Seine wichtigsten Werke sind:

24 *Ignaz Goldziher,* Gesammelte Schriften, 6 Bd., Hildesheim 1973

25 *Ignaz Goldziher,* Mohammedanische Studien, Hildesheim 1971

26 *Ignaz Goldziher,* Die Richtungen der islamischen Koranausle-gung, Leiden 1952

27 *G. E. von Grunebaum,* The Nature of Arab Unity before Islam, Arabica 10, S. 5–23, Leiden 1963 *(Eine Buchzeitschrift, die viel zum Thema bringt.)*

28 *Alfred Guillaume,* The Life of Muhammed, Cambridge 1955

29 *Alfred Guillaume,* New Light on the Life of Muhammed, Cam-bridge o. J.

30 *J. Fück,* Die Originalität des arabischen Propheten, Zeitschrift der Deutschen Morgenländischen Gesellschaft 90, S. 509–525, 1936 *(Diese wissenschaftliche Zeitschrift erscheint bis heute.)*

31 *Max Henning,* Der Koran, Stuttgart 1960 *(Diese Koranüberset-zung bei Reclam ist die am einfachsten zugängliche.)* Als Nach-druck: Wiesbaden o. J.

32 *Joseph Henninger,* Arabica Sacra, Freiburg–Göttingen 1981, *darin besonders:*

33 *Joseph Henninger,* La Religion Bedouine Preislamique, ebd., S. 11–33, Nachdruck aus: F. Gabriele (Hrsg.), L'Antica Societa Be-douine, Studi Semitici 2, Rom 1959

34 *Richard Hartmann,* Die Religion des Islam, Berlin 1944

35 *Jack W. Hirschberg,* Jüdische und christliche Lehren im vor- und frühislamischen Arabien, Orient. Komm., Polska Akad. Nr. 32, Krakau 1939

36 *Josef Horovitz,* Koranische Untersuchungen, Studien zur Geschichte und Kultur des islamischen Orient, Heft 4, Berlin–Leipzig 1926

37 *Georg Jakob,* Altarabisches Beduinenleben, Hildesheim 1967[2]

38 *Arthur Jeffery,* the foreign Vocabulary ot the Qur'án, Baroda 1938

39 *Jacques Jomier,* Bibel und Koran, Klosterneuburg 1962

40 *Jacques Jomier,* Le commentaire coranique du Manar, Paris 1954

41 *Th. W. Juynboll,* Handbuch des islamischen Rechts, Leipzig 1910

42 *Alfred von Kremer,* Geschichte der herrschenden Ideen des Islam, Leipzig 1868, Hildesheim 1961

43 *Klaus Kreiser u. a. (Hrsg.),* Lexikon der arabischen Welt, 3 Bände, Stuttgart–Berlin 1974 *(Gibt einen ausgezeichneten Überblick zu Spezialfragen.)*

44 *Günther Lanczkowski,* Schülerduden, Die Religionen, Mannheim 1977, 1980 *(Gibt ebenfalls einen guten Überblick zu Spezialfragen, allerdings aller Religionen)*

45 *Reuben Levy,* The Social Structure of Islam, Cambridge 1957

46 *William Muir,* The life of Muhammed, 4 Bände, London 1858–1861

47 *Theodor Nöldeke,* Arabs (Ancient), S. 659–673 in: James Hastings (Hsrg.), Encyclopaedia of Religion and Ethics, Band 1, Edinburgh 1925

48 *Theodor Nöldeke,* Geschichte des Qorans, Göttingen 1860[1], 2. Aufl.: Band 1 (Bearbeitet von F. Schwally) Leipzig 1909, Band 2 (ebenso) Leipzig 1919, Band 3 (bearbeitet von G. Bergsträßer u. a.) Leipzig 1938, Nachdruck der drei Bände Hildesheim 1961 *(Bis heute Standardwerk, vor allem über zeitliche Entstehung der einzelnen koranischen Suren.)*

49 *Rudi Paret,* Der Koran, Stuttgart 1966[1] 1980[2] *(Diese Übersetzung ist die beste auf Deutsch.)*

50 *Rudi Paret,* Der Koran, Kommentar und Konkordanz, Stuttgart 1971[1], 1981[2]

51 *Rudi Paret,* Mohammed und der Koran, Stuttgart 1957[1], 1980[5]

52 *Rudi Paret (Hrsg.),* Der Koran (Aufsätze), Wege der Forschung CCCXXVI, Darmstadt 1975

53 *Rudi Paret,* Der Koran als Geschichtsquelle, in: Der Islam, Band 37, S. 24–42, 1961

54 *Rudolph Peters,* The Mysteries of the Oriental Mind, in: A. El-Sheikh u. a., The Challenge of the Middle East, Amsterdam 1982

55 *St. und N. Ronart,* Lexikon der arabischen Welt, Zürich 1972

56 *Wilhelm Rudolph,* Die Abhängigkeit des Qorans von Judentum und Christentum, Stuttgart 1922

57 *Annemarie Schimmel,* Und Muhammad ist sein Prophet, Düsseldorf–Köln 1981 *(Beschreibt die zum Teil fast göttliche Verehrung des Propheten im inoffiziellen Islam.)*

58 *Heinrich Speyer,* Die biblischen Erzählungen im Qoran, Hildesheim 1961[1], Darmstadt 1961[2]

59 *Hermann Stieglecker,* Die Glaubenslehren des Islam, Paderborn 1962

60 *J. Spencer Trimingham,* Christianity among the Arabs in Pre-Islamic Times, London 1979

61 *Ludwig Ullmann,* Der Koran (Übertragung), München 1959[1], 1978[6]

62 *W. Montgomery Watt,* Bell's Introduction to the Qur'án, Edinburgh 1970

63 *W. Montgomery Watt,* Companion to the Qur'án, London 1967

64 *W. Montgomery Watt,* Muhammad at Mecca, Oxford 1960 *(Zusammen mit dem folgenden Band die wohl beste Zusammenstellung der Quellen zu Muhammads Leben.)*

65 *W. Montgomery Watt,* Muhammad at Medina, Oxford 1962

66 *W. Montgomery Watt,* Muhammad, Prophet and Statesman, London 1961

67 *Julius Wellhausen,* Muhammed in Medina, Berlin 1882

68 *Julius Wellhausen,* Skizzen und Vorarbeiten, Berlin 1889

69 *Julius Wellhausen,* Reste arabischen Heidentums, Berlin 1897[1], 1927[2]

70 *A. J. Wensinck,* The Muslim Creed, Cambridge 1932

71 *A. J. Wensinck,* Muhammed und die Propheten, Acta Orientalia II, 1924

72 *A. J. Wensinck u.a.,* Handwörterbuch des Islam, Leiden 1976

73 *John Alden Williams,* Der Islam, Große Religionen der Welt, Genf 1973, Gütersloh 1981 *(guter, billiger Quellenband)*

B. Nichtchristliche Literatur zur weiteren Geschichte des Islams bis heute

74 *Walter Braune,* Der Islamische Orient, Bern–München 1960

75 *Helmut Claß (Hrsg.),* Christen im Mittleren Osten, Frankfurt o. J.

76 *Claude Cahen,* Der Islam I, Fischer Weltgeschichte 14, Frankfurt 1968

77 *Gerhard Endreß,* Einführung in die islamische Geschichte, München 1982 *(Ausgezeichnete Einführung mit kommentierter Bibliographie, dazu auf dem neuesten Stand.)*

78 *Herbert Gottschalk,* Weltbewegende Macht des Islam, Bern–München 1962[1], 1980[2]

79 *Gustave Edmund von Grunebaum,* Der Islam II, Fischer Weltgeschichte 15, Frankfurt 1971

80 *Rolf-Roger Hoeppner,* Allah ist groß, Industriemagazin März 1984, S. 44–50

81 *Arnold Hottinger,* Die Araber, Zürich 1960

82 *Gerhard Konzelmann,* Die Araber und ihr Traum vom Großarabischen Reich, Münschen 1976[1], 1980[4]

83 *Hans Eberhard Mayer,* Geschichte der Kreuzzüge, Stuttgart–Berlin 1965[1], 1980[5]

84 *Gregor Manousakis,* Die Rückkehr des Propheten, Berg 1979

85 *Helmut Mejcher,* Die Arabische Welt, Stuttgart 1976

86 *Der Ploetz,* Die arabische Welt, Freiburg 1978

87 *Berthold Spuler,* Geschichte der islamischen Länder, Band 1: Leiden 1952, Band 2: 1953

88 *Hans-Georg Wehling,* Brennpunkt Mittel-Ost, Stuttgart–Berlin 1981

C. Islamische Literatur

In den letzten Jahren gibt es eine steigende Flut von Veröffentlichungen islamischer Autoren. Zum Teil sind es Beiträge in «christlichen» Publikationen im Zeichen des Dialogs, zum Teil missionarische Schriften islamischer Organisationen. Hier sollen nur einige Werke als Beispiele genannt werden. Einen Überblick über solche Organisationen im deutschsprachigen Raum bietet Schmidt S. 44ff. Auf den S. 95ff des folgenden Buches werden sie ausführlicher beschrieben:

89 *Muhammad S. Abdullah,* Geschichte des Islam in Deutschland, Islam und die Westliche Welt, Band 5, Graz–Köln 1981 (Vgl. Rezension: Thomas Schirrmacher, Gemeinde konkret 2/Mai 1983, S. 1)
Abdullah ist Vertreter des «Islamischen Weltkongresses» für die Bundesrepublik Deuschland! Gleichzeitig ist er der stärkste Befürworter des Dialogs mit zahllosen Beiträgen in «christlichen» Veröffentlichungen. Außerdem wirbt er durch Beiträge in staatlichen u. a. Heften, z. B.:)

90 *Muhammad S. Abdullah,* Islam – kurzgefaßt für Entwicklungs-
   helfer, Dienste in Übersee (AG evang. Kirchen in Dtschl.), Stuttgart 1982

*Sehr aktiv ist die «Islamic Foundation» in Leicester, England. Der
deutsche Muslim Ahamd van Denffer ist ebenfalls ökumenisch aktiv.
Beispiele ihrer Schriften sind:*

91 *Ahmad van Denffer,* Literature on Hadith in European Langua-
   ges, Leicester 1981
92 *Muhammad M. Ahsan,* Islam – Glaube und Leben, Leicester
   1978
93 *Sayyid A. A. Maudoodi,* Weltanschauung und Leben im Islam,
   Leicester 1978
94 *M. Ali Kettani,* The Muslim Minorities, Leicester 1979

*Außerdem findet man hier genaue Arbeiten über und gegen verschie-
dene evangelikale Missionsgesellschaften. Als Beispiel einer Werbeschrift einer deutschen Moschee sei genannt:*

95 *Abdul R. Röseler,* Betrachtungen eines deutschen Muslim über
   den Islam, Hamburg 1978

Für einen «modernen» Islam wirbt Smail Balić:

96 *Smail Balić,* Ruf vom Minarett, Wien 1979
97 *Smail Balić,* Zeitschrift: Islam und der Westen, Zwerndorf ab
   1981

*Die Ahmadiyya-Bewegung, ein eigener Zweig des Islam, missioniert
sehr stark und veröffentlicht Schriften gegen die Bibel:*

98 *H. M. N. Ahmad* (Oberhaupt), Der Heilige Qur-án, Arabisch
   und Deutsch, Zürich 1954, *1959, 1980 (mit einer langen antibibli-
   schen Einführung)*
99 *S. N. Ahmad,* Zeitschrift: Der Islam, Zürich–Frankfurt
100 *M. M. Ahmad,* Mohammad, Befreier der Frauen, Zürich o. J.

**D. Literatur aus christlicher Sicht, deren theologische Sicht wir nicht
teilen**

103 *J. H. Bawinck,* The Church between Temple and Mosque, Grand
    Rapids 1981
104 *Johan Bouman,* Der Glaube an den einen Gott, Gießen 1983
    (Vgl. Rezension: Gemeinde konkret 7, Jan. 1984, S. 2.)
105 *Johan Bouman,* Das Wort vom Kreuz und das Bekenntnis zu Al-
    lah, Frankfurt 1980 (und Sonderdruck daraus: Die koranischen
    Aussagen über das Heil in Christus)
106 *Johan Bouman,* Gott und Mensch im Koran, Darmstadt 1977
107 *A. Buchholz u. a.,* Im Namen Allahs, Frankfurt 1979

108 *Adolf Geprägs,* Die Weltreligionen und die ökologische Krise, EZW-Arbeitstexte Nr. 20/XI/79, Stuttgart 1979

109 *Herbert Heine,* Nichtchristliche Weltreligionen, Gladbeck 1976

110 *Josef Henninger,* Spuren christlicher Glaubenswahrheiten im Koran, Beiheft der Neuen Zeitschrift für Missionswissenschaft, Schöneck 1951

111 *Heinz-Jürgen Loth u. a.,* Christentum im Spiegel der Weltreligionen, EZW, Stuttgart 1978[1], 1979[2]

112 *Peter Meinhold,* Die Religionen der Gegenwart, Freiburg 1978[1], 1980[2]

113 *Michael Mildenberger,* EZW-Information Nr. 53, VII/73, Stuttgart 1973 *(Mildenberger ist Islam-Referent der Ev. Kirche und führend im Dialog, vor allem mit Abdullah [vgl. 89–90].)*

114 *Michael Mildenberger,* Islam heute, EZW-Arbeitstext Nr. 18, Stuttgart 1979

115 *Muslime in Deutschland,* Arbeitshilfe 26 des Sekretariats der Deutschen Bischofskonferenz, Bonn 1982

116 *Phil Parshall,* New Paths ibn Muslim Evangelism, Grand Rapids 1980 *(Evangelikaler Aufruf zum Dialog)*

117 *Olaf Schuhmann,* Der Christus der Muslime, Gütersloh 1975

118 *Claus Schedl,* Mohammed und Jesus, Freiburg 1978

119 *Walter Schmidt,* Islam, München 1981 *(gute Einführung)*

120 *Bilquis Sheikh,* Allah mein Vater, Konstanz 1980, Wiesbaden 1980. (Vgl. die Rezension von Alexander Seibel in Bibel und Gemeinde 3/1981, Waldbronn 1981 [auch als Sonderdruck])

121 *David W. Shenk u. a.,* Islam and Christianity, Grand Rapids 1981 *(Evangelikales Buch zusammen mit einem Moslem geschrieben!)*

Der Lembeck-Verlag veröffentlicht viele kirchlich-ökumenischen Handreichungen u. a. zum Islam. Einige Beispiele sind:

122 *Christen und Muslime im Gespräch,* Frankfurt 1982

123 *Moslems in der Bundesrepublik,* Frankfurt 1974

124 *Muslime unsere Nachbarn,* Frankfurt 1981[4]

125 *Zusammenleben mit Muslimen,* Frankfurt 1980

Einige Beispiele evangelischer Zeitschriften, die proislamisch schreiben und Artikel von Moslems aufnehmen:

126 *Mitteilungen,* Ev. Oberkirchenrat, 5/1982, Karlsruhe 1982

127 *Schönberger Hefte,* Rel.-päd. Amt, 1/1980, Frankfurt 1980

128 *Zeitschrift für Mission,* 3/1980, Korntal–Basel 1980

E. Empfehlenswerte evangelikale Literatur

Verschiedene Missionswerke veröffentlichen Literatur für Moslems in deren Sprachen. Einige dieser Werke, die sehr gut sind, wurden auch übersetzt. Hier einige solcher Werke:

Licht des Lebens, Pf 13, A-9503 Villach:

129 *Amin Abu Fadil,* Öl, Islam und Israel, Villach 1981

130 *Amin Abu Fadil,* Der Nahe Osten zwischen Islam und Kommunismus, Villach 1982

131 *Abd-al-Masih,* Wer ist Allah im Islam?, Villach 1982

132 *Abd-al-Masih,* Warum ist es für einen Moslem schwierig, Christ zu werden?, Villach o. J.

133 *W. St. Clair Tisdall,* Christian Reply to muslim Objections, London 1904, Villach 1980

The Good Way, Pf 66, CH-8486 Rikon:

Center for Young Adults, Pf 354, CH-4019 Basel:

134 *C. G. Pfander,* Balance of Truth, London 1910

135 *Zachariah Butrus,* God is one in the Holy Trinitiy, Basel o. J.

136 *Abd-ul-Masih,* What do you think about Christ, Rikon o. J.

137 *Iskander Jadeed,* Serie:

   a) The Cross in the Gospel and the Quran

   b) The Personality of Christ in the Gospel and the Quran

   c) Sin and Atonement in Islam and Christianity

   d) The Infallibility of the Torah and the Gospel

   e) Did God appear in the Flesh?

   f) What must I do to be Saved?

   g) Does God Exist?

   h) Truth eliminiates Doubts

   i) How to pray?

   j) The Gospel of Barnabas – A False Testimony

   k) God and Christ

   l) Eine Traktatserie

Life Challenge, Pf 273, Claremont 7735, Südafrika:

138 *Gerhard Nehls,* Was Christen über Moslems wissen sollten, Neuhausen 1984

139 *Gerhard Nehls,* Christen antworten Moslems, Neuhausen 1982

140 *Gerhard Nehls,* Fact or Feeling, Claremont o. J.

141 *Gerhard Nehls,* Comparing ... Concluding, Claremont o. J.

142 *Gerhard Nehls,* Destination Unknown, Claremont o. J.

143 *Hass Hirji-Walji u.a.,* Escape to Freedom, Claremont 1981

144 *Sultan Muhammad Khan,* A Testimanoy to the Truth of the Holy Writings, Claremont o. J.

Fellowship of Faith for the Muslims:

145 *Focus on Islam Series:*
    a) The Muslim Challenge to the Christian Church
    b) Islam, what is it?
    c) Five Pillars of Islam
    d) The Ahmafiyya Movement
    e) The Life of Muslim Women
    f) From Islam to Christ
    g) The Qur'an Says

Jesus to the Muslims, 4b Bright Street, Benoni 1500, Südafrika:

146 *Christianity and Islam Series:*
    a) A Comparative Study of the Quran and the Bible
    b) Origins and Sources of the Gospel of Barnabas
    c) Is Muhammad Foretold in the Bible?
    d) The Uniqueness of Jesus in The Quran and the Bible
    e) The Titles of Jesus in the Quran and the Bible
    f) The Christian View of the Eid Sacrifice
    g) The Love of God in the Quran and the Bible
    h) The Temple, The Ka'ba and the Christ
    i) weitere Traktate

Viele der genannten Schriften sind auch zu bekommen bei:
Call of Hope, Pf 1018, D-7000 Stuttgart 1
Die meiste Literatur in Deutsch (wenn auch manchmal Literatur und
Autoren aus der IV. Abteilung unserer Liste) bietet:
Orientdienst, Wiesbaden:

147 *Vivienny Stacey,* Christliche Begegnungen mit Moslems
148 *Emanuel Kellerhals,* Die 2 Brüder von Suhag
149 *Hassan Dehqani-Tafti,* Bilder meiner Welt, Breklum 1976
150 *Willi Höpfner,* Der Islam als nachchristl. Religion, Breklum 1971
151 *Willi Höpfner (Hrsg.),* Serie: Christentum und Islam:
    a) Kirche im Raum des Islam
    b) Geschichte des Islam
    c) Glaube im Islam
    d) Ethik im Islam
    e) Prophetie in Bibel und Koran
    f) Toleranz und Absolutheitsanspruch
    g) Mystik im Islam
    h) Fasten – islamisch oder evangelisch
    i) Der Islam in Indonesien
    j) Glaubensgewißheit im Islam und im Evangelium
    k) Gebet und Meditation in islamischer und christlicher Sicht
    l) Die Frau bei den Kopten und Moslems in Ägypten
    m) Der Islam und seine Welt

152 *Willi Höpfner,* Serie: Informationsdienst:
  a) Hiob in der Bibel und im Koran
  b) Bibel und Koran im Dialog
  c) Endzeit und Gericht in islamischer und christlicher Sicht
  d) Abraham in Bibel und Koran
  e) Wie Mohammed von Adam erzählt
  f) Der moslemische Jesus und wir
  g) Leiden in der islamischen Mystik
  h) Die islamische Revolution und Ayatollah Khomeini
  i) Die koptische Kirche
  j) Die Ehe afrikanisch führen?
  k) Seine Frau werden?
  l) Die christlich-islamische Mischehe

Weitere evangelikale Literatur:

153 *Gerhard Bergmann,* Der Islam, Neuhausen 1980

154 *G. W. Braswell,* Understanding World Religions, Nashville 1983

155 *David Brown,* Allah – der Allmächtige, Jesus – der Gekreuzigte?, Wuppertal–Wiesbaden 1969

156 *Jens Christensen,* Christuszeugnis für Muslime, Erlangen 1982 *(vgl. die Rezension: Thomas Schirrmacher, Bibel und Gemeinde 4/1983, S. 430)*

157 *Christliches Bekenntnis* und biblischer Auftrag angesichts des Islam, Bielefeld 1984 *(Im Anhang abgedruckt)*

158 *Helmut Essinger,* Buddha, Mohammed ... und Christus, Gladbeck 1970

159 *Peter Falk,* The Growth of the Church in Afrika, Grand Rapids 1979

160 *God's Plan* for Man, Scripture Gift Mission, London

161 *Gnadauer Gemeinschafts-Blatt,* Stichwort Islam, Heft 10/1981

162 *Abdiyah Akbar Abdul-Haqq,* Sharing your Faith with a Muslim, Minneapolis 1980

163 *Mark Hanna,* The True Path, Colorado Springs 1975

164 *Klaus Hoppenworth,* Islam contra Christentum, Bad Liebenzell 1976

165 *Wolfgang Heiner,* Warum unbedingt Jesus?, Wuppertal o. J.

166 *Islam,* deutsch und englisch, I.I., Pf 1801, S-70118 Örebro

167 *Emanuel Kellerhals,* Der Islam, Gütersloh 1978[2]

168 *Krause,* Rezension: Andrae, Islamische Mystik, Gemeinde konkret 10, Juli 1984, S. 1

169 *Jürgen Kuberski,* Mohammed und das Christentum, Lörrach 1983[1 u. 2], Wiesbaden 1984[3]

170 *Jürgen Kuberski,* Mohammed und das Christentum, Nachwort zum Buch, Gemeinde konkret 8, März 1984, S. 4

171 *Gerald Lauche,* Die koranische Umdeutung und Verkürzung des biblischen Jesusbildes in seiner soteriologischen Bedeutung, Fundierte Theologische Abhandlungen, Band 1, Giessen 1983

172 *Gerald Lauche,* Wie begegnen wir als Christen der islamischen Herausforderung?, Ismael-Dienst, Eppingen o. J.

173 *J. Lewis,* Krieg im Libanon, Wetzlar 1983, (vgl. die Rezension: Gemeinde konkret 9, Mai 1984, S. 2)

174 *Charles R. Marsh,* Share your Faith with a Muslim, Chicago 1975

175 *Don M. McCurry (Hrsg.),* The Gospel and Islam, Monrovia 1975

176 *Josh McDowell u. a.,* Understanding Non-Christian Religions, San Bernardino 1982

177 *William McElwee Miller,* Ten Muslims Meet Christ, Grand Rapids 1969

178 *Missionary Crusaders,* Islam, Lubbock/Texas o. J.

179 *Eduard Ostermann,* Er zerbricht die Mauer, Neuhausen 1980

180 *Martin Pörksen,* Jesus in der Bibel und im Koran, Reihe Christus und die Welt 9, Bad Salzuflen 1961

181 *Don Richardson,* Ewigkeit in ihren Herzen, Bad Liebenzell 1983

182 *Thomas Schirrmacher,* Serie in Licht und Leben, im Anhang abgedruckt. Dazu Gegendarstellung und Kommentar in: Informationsbrief der Bekenntnisbewegung Nr. 98, Rhaden 1983

183 *Thomas Schirrmacher,* Rezensionen in der Liste genannt.

184 *Eberhard Troeger,* Islam im Aufbruch – Islam in der Krise, Wuppertal-Giessen 1981 (vgl. Rezension: Hauskreis Intern 5/1982, S. 1)

185 *Eberhard Troeger u. a.,* Mit Muslimen leben und über Jesus reden, Wuppertal 1982 (vgl. Rezension: Gemeinde konkret 7, S. 2)

Literaturhinweise…
Literaturhinweise…
Literaturhinweise…
Literaturhinweise…
Literaturhinweise…
Literaturhinweise…
Literaturhinweise…

«Auf der Suche nach einem neuen Menschen»

Anmerkungen zur Philosophie Erich Fromms
(1900–1980) von Klaus Berger

Für Erich Fromms Beliebtheit und Publizität stehen seine
vielfältigen Versuche, ein System zu formulieren, das den
gegenwärtigen Problemen der Menschheit adäquat ist.
Dem entspricht auch die steigende wissenschaftliche Auseinandersetzung mit seinem Werk. Autoren der verschiedensten Disziplinen untersuchen die Relevanz des
Frommschen Denkens für ihr Interessengebiet. Wer war
dieser Erich Fromm, der durch seine gut les- und versteh-
baren Werke eine solch enorme Breitenwirkung erzielte?

● Kurzer Abriß seines Lebenswegs
● Aspekte seiner Sozialpsychologie
● Aspekte seiner Anthropologie
● Von der Analyse menschlicher Existenz zu deren rech-
ten Heilung

erschienen in: **factum** 5/84

«Heil aus dem Unterbewußtsein?»

Joseph Murphys säkularisierte Mystik
von Lothar Gassmann

«Ich denke positiv» – immer häufiger hört und liest man diesen Satz. Was hat es mit der Bewegung des «Positiven Denkens», des «Neuen Denkens» u.ä. auf sich?
Der einflußreichste Autor dieser Bewegung ist Joseph Murphy.

● Leben und Lehre Joseph Murphys
● Die Zielbestimmung: Hedonismus
● Die Methode: Autosuggestion
● Die Religion: Mystik
● Die Vorbilder: J.P. Quimby und Christian Science
● Die tiefste Wurzel: Okkultismus

erschienen in: **factum** 6/84

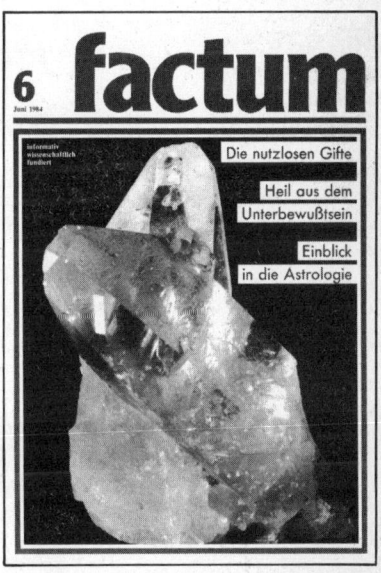

«Grüner müßten mir die Grünen sein...»

– die «Grünen» unter der Lupe – von W.F. Kasch

- Der *grüne* Mensch
- Mann und Frau in *Grün*
- *Grün*liche Kinder
- Bildungs*grün*
- Die Welt der *grünen* Arbeit
- *Grün*wirtschaft
- Straßen*grün*verkehr
- *Grün*parteilichkeit
- Gift*grüne* Feindbilder
- Das Reich des *grünen* Friedens

erschienen in: **factum** 7/8-83

«Der neue Mensch»

Carl R. Rogers Religion
von Walter Nitsche

Gewaltige Gedankenkonstruktionen, vielfältige Hypothesen, Visionen und komplizierte philosophische Entwürfe wurden schon seit Menschengedenken aufgeboten, um den «neuen Menschen» zu schaffen. Mitunter war der Weg zu diesem Phantasie-Monster mit Blut und Gewalt gezeichnet. Erstanden ist er nie, dieser «neue» Mensch. Er blieb immer der alte, mit seinem tief eingegrabenen egoistischen Prinzip.

● Die Therapie Rogers
● Rogers neue Ideen
● Die Einstellung zum Tod
● Rogers spiritistisches Erleben
● Der «neue Mensch» – Evolutionsprodukt mit transzendenter Öffnung
● Suprabewußtsein oder Erneuerung des Wesens?

erschienen in: **factum** 6/83

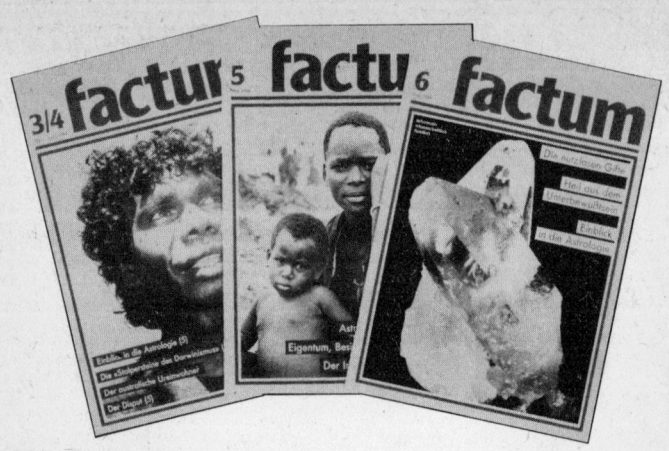

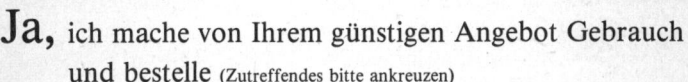

Kurt Schein
Idee aus der Finsternis – Adolf Hitler
Tb, 128 Seiten, Fr. 11.80/DM 13.80
im Abonnement: nur Fr. 8.80/DM 10.80

Jeder, der nicht mehr unmittelbar die Wirren des Dritten Reiches miterlebte, tut sich sicher schwer, Hitler und seine Machenschaften zu verstehen. So ist es eine Hilfe, wenn man Zeitzeugen hierzu hört.

Als ich das Manuskript von Kurt Schein las, spürte ich etwas von seiner Betroffenheit als unmittelbarer Zeitzeuge. Schon in der Hitlerjugend wehte ihm die aufkommende «Idee aus der Finsternis» entgegen. Eine erlebte Kriegsweihnacht und die Beteiligung als Soldat bei dem Kampf um Berlin ergänzen dieses Bild. Darüberhinaus erlebt der Leser die Entwicklung des Despoten Hitler und seiner Helfershelfer.

Da Hitler eigentlich kein geschriebenes Werk hinterlassen hat, außer seinen Reden und seinem «Mein Kampf», ist es bei ihm viel mehr sein Leben, das zu seinen unmittelbaren Wirkungen führte. So gehen Leben, Werk und Wirkung bei Hitler ineinander über. Die wesentlichste Wirkung für Nachgeborene ist wohl der durch Hitler entstandene und heute immer noch nicht ganz überwundene Riß in der Deutschen Geschichte. Wichtiges Gedankengut, das an Menschenwürde und -rechte orientiert war, wurde durch ihn ad absurdum geführt.

Somit läßt das vorliegende Buch wiederum die Prinzipien einer katastrophalen Geschichtsentwicklung bewußt werden.